Gunda Werner
Teufels Zeug

SERIE PIPER
Band 1767

Zu diesem Buch

Gunda Werner ist das Pseudonym einer jungen Frau aus einer süddeutschen Kleinstadt, die hier ihren Weg in die Alkoholsucht schildert. In einer Gesellschaft, in der jedes Ereignis begossen wird und wo man bekanntlich nicht gut »auf einem Bein steht«, bleibt die Entwicklung zur Trinkerin lange unauffällig. Gunda Werner erzählt ohne Beschönigung von ihrem geheimen Leben, vom verzweifelten Kampf um die Fassade nach außen, vom Auf und Ab von Entzug und Rückfall – eine Geschichte von schonungsloser Offenheit und beklemmender Konsequenz, am Ende aber auch eine Geschichte vom »Sieg«, den dieses Buch markiert.

Gunda Werner, geboren 1956 in Augsburg, Ausbildung als Bankfachfrau, Mutter zweier Kinder.

Gunda Werner

Teufels Zeug

Stationen einer Trinkerin

Piper
München Zürich

SERIE PIPER
FRAUEN

ISBN 3-492-11767-8
Originalausgabe
Juni 1993
© R. Piper GmbH & Co. KG, München 1993
Umschlag: Federico Luci,
unter Verwendung der Gouache
»Metamorphose (Daphne)« von Salvador Dalí
(VG Bild-Kunst, Bonn 1992, Demart pro arte)
Gesamtherstellung: Clausen & Bosse, Leck
Printed in Germany

Inhalt

Einleitung

Jetzt? Jetzt geht es mir gut. Wie lange noch? Ich weiß es nicht. Ich lebe mit einer Zeitbombe: der Alkoholsucht. Ich sitze in meiner gemütlichen Küche vor einer Tasse Kaffee und denke zurück, wie alles angefangen hat. Anfang – es gibt keinen Anfang. Es begann alles so langsam, so schleichend. Es gibt auch kein Ende. Zumindest so lange nicht, bis ich sterbe. Hoffentlich eines natürlichen Todes, wie es so schön heißt. Hoffentlich kein elendes Verrecken, wie es bei uns Alkoholikern so häufig geschieht.

Alt werden möchte ich nicht, ich habe Angst davor. Angst davor, daß ich es nicht schaffe, die nächsten vierzig Jahre trocken zu bleiben. Nein zu sagen, wenn alle Alkohol trinken, an Silvester, an Weihnachten, Geburtstagen, Taufen, Hochzeiten. Nein zu sagen, wenn ich allein bin, einsam, traurig, verzweifelt, erschöpft oder glücklich, zu glücklich. Ich habe Angst davor, versehentlich ein falsches Glas zu erwischen, einen Eisbecher mit einem Schuß Alkohol, eine Torte mit Schnapsfüllung, eine Praline mit Cognac.

Es gibt tausend Möglichkeiten, rückfällig zu werden, wieder in diesen Horror zurückzufallen... Und davor habe ich Angst, unbeschreibliche Angst. Auch davor, wieder gedemütigt zu werden, abgelehnt, gehaßt, eingesperrt, krank und willenlos zu sein, wieder in diesen Wahnsinn von blinder Hoffnung, tiefster Enttäuschung und Selbstzerstörung zurückzufallen.

Diese ständige Angst wird mich mein Leben lang begleiten. Ich werde sie nie ablegen können, nie überwinden! Kennen Sie Angst? Ich habe sie kennenlernen müssen, in allen Variationen, die diese Hölle zu bieten hat. Bis hin zur nackten Lebensangst, zur nackten Angst, vor dem Sterben noch verrückt zu werden. Darum sterbe ich lieber früher und trocken, bitte, bitte trocken!

Ich schreibe dieses Buch, um denen, die nicht an dieser Krankheit leiden, einen Einblick in das Leben, den Leidensweg eines Alkoholikers zu geben. Um die Qualen und Ängste eines Kranken verständlich zu machen, für den es nichts Wichtigeres mehr in seinem Leben gibt, als das nächste Glas stehenzulassen.

Und ich schreibe es als Dank für die Gruppe von Menschen, die Anonymen Alkoholiker, die mir geholfen hat, meinen Weg wiederzufinden, wieder ein relativ normales, lebenswertes Leben zu führen. Die mir geholfen hat, daß aus einem seelischen und körperlichen Wrack wieder ein gesunder, selbstbewußter Mensch wurde, der lachen kann und wieder Spaß am Weiterleben hat.

Und nicht zuletzt als Dank an meinen Mann, der mich voller Verständnis durch die letzten Leidensjahre, durch die Jahre der Tränen, der Verzweiflung und Angst, durch die Jahre des Horrors geführt hat, der mich nie fallenließ und mir durch sein geduldiges Zuhören die Möglichkeit gab, diesen Teil meiner Geschichte langsam zu verarbeiten.

1. Der Anfang

Eigentlich war es eine ganz normale Kindheit. Ein Elternpaar, die Mutter zu Hause, um ihren Nachwuchs besorgt. Der Vater beruflich viel unterwegs. Geschwister, gute Schulausbildung, Ausbildung in einem angesehenen Beruf. Eigentlich ein Lebenslauf wie viele andere. Und doch auch wieder nicht.

Irgend etwas war anders. Nein – nicht irgend etwas, etwas für mich Lebensentscheidendes war anders. Das Verhältnis zu dem in unserer Gesellschaft ganz normalen Suchtstoff Alkohol. Den gab es eigentlich immer in meiner Nähe. Ich muß sehr weit zurückdenken, um eine Zeit zu finden, in der ich ihm noch nicht begegnet bin. Nicht persönlich begegnet bin.

Nicht daß die Eltern Trinker gewesen wären, geächtet, heruntergekommen, armselig. Nein, so war es ganz sicher nicht. Beide hatten eine gute Erziehung, solide Bildung, auch ein eigenes Haus. Aber doch war ständig Alkohol vorhanden, ständig präsent. Bei jeder Gelegenheit. Ob zum Essen, zum Entspannen am Abend, nach dem Essen oder als Schlaftrunk. Vormittags zur Kreislaufunterstützung, wenn es ihnen schlecht ging. Aber auch wenn es ihnen gut ging, wurde er gereicht, wenn sie traurig waren, lustig, wenn Sorgen sie plagten, Ängste abgebaut werden mußten, nach Aufregungen, eigentlich immer. Immer war er Begleiter, Begleiter in allen Lebenslagen, am Tag, am Abend, im Sommer, im Winter, in guten und in schlechten Zeiten.

Und dann natürlich bei den Festen. Es waren immer rauschende Feste, die in unserer Familie gefeiert wurden. Da wurde getanzt, gesungen, gelacht und getrunken. Ausgelassene Partys, fröhlich und sorglos. All das war ganz normal für mich. Die überschwenglichen Feiern, die geröteten Köpfe der Eltern und Gäste, die lauten Stimmen, das Lachen. Genauso normal wie ihre Kopfschmerzen und ihr Leiden am nächsten Tag.

Nie hätte ich mir vorgestellt, daß es in anderen Familien anders zuging, damals, als ich noch Limonade zu trinken bekam, als ich noch klein war und die Welt der Erwachsenen bestaunte. Es war für mich nichts Besonderes, daß meine Mutter vormittags Sekt trank, ich war daran gewöhnt. Oder daß Schnaps und Wein ihr halfen, wenn sie sich schlecht fühlte. Daß mein Vater nach einem anstrengenden Arbeitstag uns Kinder schickte, ihm Bier oder Schnaps zu servieren.

Und dann gab es da noch ausgesucht guten Wein zu besonders schönen Festtagen, Eiswein an Weihnachten, teuersten Sekt an Silvester. Und die vielen tausend Gelegenheiten, die sich als Grund für Alkoholgenuß boten. Als Aperitif, gegen Langeweile, weil Wochenende war, weil der Montag ohnehin ein scheußlicher Tag war, weil der Christbaum geschmückt oder der Schmuck abgenommen wurde, weil zu festlicher Musik festlicher Wein gehörte...

Es fällt mir tatsächlich schwer, mich zu erinnern, einmal etwas anderes am Tisch gesehen zu haben als

Whisky-, Sekt, Bier- oder Weinflaschen. Nicht daß meine Eltern oft betrunken gewesen wären! Nein, normalerweise nie. Höchstens an Festtagen oder wenn gefeiert wurde, Gäste da waren, kann ich mich erinnern, daß sie sich selbst einen »Schwips« oder »Suri« zugebilligt hatten. Oder am nächsten Tag den unvermeidlichen Kater.

So lernte ich schnell am Vorbild meiner Eltern, daß es ganz normal ist, zu allen Gelegenheiten, in allen Lebenslagen, in allen Situationen, bei allen großen und kleinen Katastrophen, und eben einfach so, Alkohol zu trinken.

Selbst kam ich zum ersten Mal im Alter von etwa acht Jahren mit Alkohol in Berührung. Meine Eltern mixten selbstgemachten Eierlikör. Ich weiß noch heute, wie stolz ich war, als ich den Topf auslecken durfte. Und ich kann mich auch noch genau an dieses warme, schöne Gefühl erinnern, das in mir aufstieg. An die fröhliche Stimmung, an das Lachen und Kichern meiner Eltern über meine Veränderung. Ich war irgendwie losgelöst von meiner Umwelt, frei. Der Likör hatte mich begeistert.

Als ich größer wurde, gab es mal zu besonderen Gelegenheiten ein halbes Glas Wein, einen Schoppen Bier. Mir hat das immer großartig geschmeckt, und ich war stolz darauf, dadurch im geheimnisvollen Kreis der Erwachsenen gelandet zu sein.

Mit ungefähr vierzehn Jahren wurde es langsam zur Regelmäßigkeit, daß auch mir ein Glas Wein eingeschenkt wurde, wenn die anderen eine Flasche öffneten, daß auch ich einen halben Schnaps bekam nach einem besonderen Essen. So war es ein langsames Hinführen zum Alkohol, der mich später beinahe das Leben gekostet hätte.

Im Alter von sechzehn Jahren, es waren nur noch zwei

11

Jahre bis zu meiner Volljährigkeit, war es bereits zur lieben Gewohnheit geworden, abends mit meiner Familie einen Whisky und ein Bier zu trinken. Schließlich hatte jeder allen Grund zu einem Entspannungsgläschen, hatten doch alle den ganzen Tag über hart gearbeitet. Auch beim Wein am Samstagabend oder der Bowle an Festtagen hielt ich bereits kräftig mit.

Mittlerweile befand ich mich in der Berufsausbildung. Von morgens bis abends stand ich am Schalter einer Bank, hatte Kontakt mit den Kunden, mit den Kollegen. Auch hier wurde ich immer und regelmäßig mit Alkohol konfrontiert. Wer kennt sie nicht, diese vielschichtigen Gründe, am Arbeitsplatz zu trinken. Weil der Kollege Geburtstag hat, ein Einstand oder ein Ausstand zu begießen ist. Weil ein Kunde eine Flasche Sekt gestiftet hat, eine Prüfung bestanden oder auch nicht bestanden wurde, eine Beförderung gefeiert werden muß und und und.

Bereits damals wurden die Tage, an denen ich nicht mit Bier, Wein oder Schnaps in Berührung kam, immer seltener. Immer regelmäßiger wurde der Alkoholkonsum. Es kam die Zeit, da ich immer öfter abends mit meinem Freund oder mit Bekannten ausging. Und auch hier war es absolut üblich und normal, Wein oder Bier zu trinken. Wer trinkt schon Mineralwasser, wenn er doch endlich zum Kreis der Erwachsenen gehört.

Mit neunzehn Jahren heirateten wir, und einer unserer Wünsche war ein eigener Weinkeller. Alle unsere Gäste brachten uns wenigstens eine Flasche zusätzlich zu ihrem Geschenk mit. Stolz kredenzten wir unseren Freunden und natürlich uns so manchen guten Tropfen. Sicher war ich zu dieser Zeit nicht abhängig, nicht alkoholsüchtig, aber das regelmäßige Trinken praktisch von Kindheit an, das weiß ich heute, ließ mich gradlinig auf meine spätere Sucht zusteuern. Es war, als hätte der Alkohol mich wie eine Puppe am Faden und zöge mich langsam, aber unaufhaltsam zu sich heran.

Dann kam die erste Schwangerschaft, eigentlich unerwartet, aber ich freute mich doch riesig auf mein Kind. Während der gesamten Schwangerschaft trank ich nicht einen Tropfen Alkohol, dem Ungeborenen zuliebe. Es machte mir auch keinerlei Schwierigkeiten, auf den Schlummertrunk zu verzichten. War es doch viel wichtiger, das Kind gesund zu gebären.

Endlich war es soweit. Mein erstes Kind war da. Natürlich kamen Geschwister, Freunde, Verwandte und Bekannte zu mir ins Krankenhaus, um den kleinen Wurm zu bestaunen. Natürlich hatten wir nun Grund, tüchtig zu feiern. Und ich freute mich auch auf das erste Glas Sekt, mit dem wir auf das freudige Ereignis anstießen. Schließlich hatte ich neun Monate lang kein Glas Alkohol getrunken.

Mein Alkoholkonsum war zu dieser Zeit nicht größer und nicht geringer als zur Zeit vor der Schwangerschaft. Nur eben regelmäßiger. Abends trank ich gern ein Glas Wein zum Entspannen, am Wochenende zum Genießen, beim Essen gegen den Durst.

Mittlerweile hatte mein Mann das Studium beendet, wurde berufstätig, und der Wunsch nach einem zweiten Kind wurde immer größer. Schließlich war es soweit. In neun Monaten sollte unser zweites Kind zur Welt kommen. Während dieser Schwangerschaft fiel mir der Abschied vom Alkohol schon bedeutend schwerer. Im Unterschied zur ersten Schwangerschaft beneidete ich unsere Freunde und meinen Mann diesmal schon sehr, wenn sie ungezwungen und fröhlich ihren Wein, ihr Bier oder den üblichen Verdauungsschnaps tranken. Ich freute mich während der neun Monate immer mehr darauf, wieder mithalten zu können, wenn eine besonders gute Flasche geköpft werden sollte.

Nachdem unser zweites Kind standesgemäß »begossen« war, kehrte der Alltag wieder ein. Die Wohnung wurde langsam zu klein, wir gingen auf die Suche nach einem geeigneten Haus. Dann kam der Umzug, und wir waren glücklich, daß wir nun endlich mehr Platz für unsere inzwischen sehr lebhaften Kinder hatten.

Jetzt war auch mehr Platz für größere Feste vorhanden, und wir nutzten ihn! Unser Alkoholumsatz wuchs. Langsam, aber stetig. Nichtalkoholische Getränke wurden seltener. Irgendein Anlaß für den Genuß von Höher- bis Höchstprozentigem war immer schnell gefunden.

Ich widmete mich jetzt nur noch der Familie und dem Haushalt, den Beruf hatte ich aufgegeben. Und so wurde es mir zur lieben Gewohnheit, des öfteren ein Glas Sekt zu trinken. Wenn ich mit der Hausarbeit fertig war, wenn die Kinder endlich schliefen, wenn ich viel Arbeit hatte, wenn ich wenig zu tun hatte. Eben genauso, wie es früher in meinem Elternhaus gewesen war. Und dann gab es noch die Probleme zu ertränken, wenn die Kinder krank waren, mein Mann und ich uns gestritten hatten, Sorgen unseren Lebensweg pflasterten... Ganz normaler Alltag, wie in vielen Familien, ganz normale Gepflogenheiten, Angewohnheiten wie bei anderen Freunden, Kollegen, Bekannten.

Nie wäre ich damals auf die Idee gekommen, etwas zu ändern, weniger oder seltener zu trinken. Ich sah keinen Anlaß, mir über meinen Alkoholkonsum Gedanken zu machen. Ich wollte auch nichts verändern. Nie hatte ich einen Grund, über den gefährlichen Weg nachzudenken, den ich beschritten hatte. Was wußte ich damals schon von Alkoholikern? Außer der von der Gesellschaft gezeichneten Karikatur eines verkommenen, bettelnden, unter der Brücke lebenden Menschen, mit der immer leeren Flasche in der Hand. Hätte mir damals jemand gesagt, was ich noch erleben würde, ich hätte ihn für verrückt erklärt.

Erst einige Jahre später, ich war inzwischen 26 oder 27 Jahre alt, machte ich mir erstmals Gedanken über mein Trinkverhalten.

»Ich glaube, wir sollten einmal eine Zeitlang keinen Alkohol trinken. Nur um uns zu beweisen, daß wir nicht abhängig davon sind«, hatte mein Mann eines Tages nach einer durchzechten Nacht zu mir gesagt.

»Blödsinn. Von der Menge, die wir trinken, wird man doch nicht abhängig!« protestierte ich.

»Ich könnte jederzeit aufhören«, behauptete ich damals.

Das Gespräch war beendet, aber ich machte mir doch ein paar Gedanken.

»Wie war das«, überlegte ich, »da stand doch erst neulich in der Zeitung, daß Frauen erheblich weniger Alkohol vertragen als Männer?«

»Aber das glaube ich einfach nicht. Schließlich bin ich doch einiges gewöhnt, und außerdem fühle ich mich doch blendend«, beruhigte ich mich selbst.

Alle Vorschläge meines Mannes, eine Alkoholabstinenz von einem Wochenende oder wenigstens einem Tag einzuführen, lehnte ich kategorisch ab.

»Das brauchen wir nicht«, sagte ich, »bei uns ist doch alles normal.«

Es ist müßig, sich heute Gedanken darüber zu machen, ob die Befolgung seiner Vorschläge mich vor dem Absinken in die Alkoholkrankheit hätte retten können. Tatsache war, daß ich damals einfach gerne Alkohol trank, weil mir der Wein schmeckte oder der Sekt oder der Whisky, und daß ich die Fröhlichkeit und Freiheit genoß, die er in mir erweckte.

Ich trank zu dieser Zeit auch nicht heimlich und nur selten allein. Meist fand sich schon irgendein Familienmitglied, irgendeine Freundin oder Gäste, die auch gern bei einem Glas Alkohol gemütlich plaudern wollten. Fern von den Alltagsproblemen und -sorgen.

Erst im Alter von neunundzwanzig Jahren machte ich die erste Erfahrung, daß mit meinem Alkoholkonsum vielleicht etwas nicht in Ordnung sein könnte. Damals mußte ich wegen einer kleinen Operation ins Krankenhaus.

»Bitte, kommen Sie am Montag morgen, acht Uhr, nüchtern in die Klinik«, hatte mir die Ärztin gesagt. Am Vorabend trank ich keinen Alkohol, da ich nicht wollte, daß bei meinen Blutuntersuchungen Restpromillewerte festgestellt würden.

Als ich am Morgen in der Klinik auf die Untersuchung wartete, bemerkte ich, daß meine Hände zitterten und mein Magen rebellierte. Außerdem spürte ich ein ungewohnt starkes Verlangen nach Alkohol in mir.

»Das ist sicher nur die Aufregung«, dachte ich mir. Am zweiten Tag nach der Operation ließ ich mir bereits eine Flasche Bier ins Krankenhaus bringen.

»Damit ich nachts besser schlafen kann«, behauptete ich. Sobald ich nach Hause kam, trank ich sehr schnell wieder die gewohnte Menge zu den gewohnten Zeiten und hatte das mulmige Gefühl wegen der damaligen seltsamen Unruhe schnell verdrängt.

Das zweite Mal wurden die Zweifel an meinem Trinkverhalten geweckt, als ich beschloß, eine Fastenwoche einzulegen. Ich hatte durch üppiges Essen und nicht zuletzt durch die getrunkenen Mengen Alkohol etliche Kilogramm zugenommen, die ich auf die schnellste Art wieder loswerden wollte: durch eine Nulldiät.

Ich leerte am Vorabend noch genüßlich zwei Flaschen Wein mit meinem Mann, verabschiedete mich für die nächsten acht Tage gedanklich vom Alkohol und ging bald schlafen.

Am nächsten Morgen würgte ich Glaubersalz hinunter, da für die Fastenkur eine völlige Darmentleerung notwendig ist. Am Vormittag ging es mir noch gut, aber am Nachmittag begannen meine Hände wieder zu zittern, mir wurde übel, und eine nie gespürte Unruhe stieg in mir auf.

»Durchhalten«, ermunterte ich mich, »morgen geht es bestimmt besser!« Tatsächlich waren meine Beschwerden am nächsten Tag abgeklungen. Ich hielt die Fastenwoche tapfer durch und fühlte mich nach einer Woche um etliche Kilogramm leichter und topfit. So gut wie lange nicht mehr. Daß ich damals bereits handfeste Entzugserscheinungen auf Grund der Alkoholabstinenz hatte, die das Zittern der Hände, die Unruhe und die Übelkeit verursachten, der Gedanke wäre mir nicht im Traum gekommen.

So nahm ich sichtlich erholt meine vorherigen Trinkgewohnheiten wieder auf, zudem noch in der Überzeugung, daß mich der Alkohol wirklich nicht in die Abhängigkeit gedrängt hatte. Hätte ich nur damals die Signale meines Körpers richtig erkannt!

In dem Jahr zwischen meinem neunundzwanzigsten und dreißigsten Lebensjahr steigerte sich der Alkoholkonsum unmerklich und unbewußt, doch stetig und unaufhaltsam. Immer häufiger passierte es, daß ich am Morgen nach einer durchzechten Nacht mit erheblichen Gedächtnislücken aufwachte, mich nicht mehr an Gespräche oder an die Beendigung des Festes erinnern konnte. Aber noch immer weigerte ich mich, auf die Befürchtungen meines Mannes einzugehen, der mich immer häufiger auf unseren Alkoholkonsum ansprach. Ich war nach wie vor der Überzeugung, von heute auf morgen Sekt, Wein oder sonstiges weglassen zu können. Auch bemerkten Außenstehende, ja sogar meine Familienangehörigen nichts von meinen geistigen Ausfällen.

Dann kam mein dreißigster Geburtstag. Ich hatte siebenundzwanzig Gäste eingeladen. Es sollte ein Riesenfest werden. Zwei Tage lang hatte ich ein original ungarisches Essen gekocht, geplant, eingekauft und dekoriert. Dann kamen die Freunde, Verwandten und Bekannten. Jeder gratulierte mir und stieß mit mir auf mein Fest mit einem Glas Sekt oder Aprikosenschnaps an.

Ich kann mich nur noch an die Begrüßung erinnern. Vom restlichen Verlauf des Abends habe ich keinerlei Vorstellung mehr. Nur von meinem Mann weiß ich, daß ich fröhlich und ausgelassen durchgehalten habe, bis auch der letzte Gast gegangen war. Ob ich unangenehm aufgefallen war, fragte ich ihn am nächsten Morgen.

»Nein«, sagte er, »die haben doch alle selbst zuviel getrunken!« An diesem Abend hatte ich zum ersten Mal in meinem Leben die Kontrolle über mich verloren. Es sollte beileibe nicht das letzte Mal gewesen sein.

In diesem Jahr lernte ich die Macht der Droge Alkohol kennen. Ging es mir früher am Morgen gut, nachdem ich abends Alkohol getrunken hatte, wurde jetzt das Erwachen von Tag zu Tag unangenehmer. Mein Mund war trocken, Durst quälte mich. Meist mußte ich den vorangegangenen Abend wie ein Puzzle zusammensetzen. Mein Magen rebellierte, und die Hände wurden zittrig.

Oft trank ich dann vormittags einen Cognac oder Sekt, worauf es mir schnell wieder besser ging.

»Siehst du, das kommt vom Kreislauf«, erklärte ich dann meinem Mann.

»Wahrscheinlich ist mein Blutdruck zu niedrig. Ich muß ohnehin mal zum Arzt in der nächsten Zeit. Ich möchte wissen, woher das Unwohlsein und Zittern meiner Hände am Morgen kommt! – Aber erst nach dem Urlaub«, nahm ich mir vor.

Daß ich Alkoholprobleme hatte, hätte ich mir damals nie eingestanden. »Gut, ich trinke vielleicht ein bißchen mehr als andere, na und!« beruhigte ich mich stets selbst, wenn sich irgendwelche Zweifel in mein Gehirn schlichen.

Aber die Gedanken an den nahen Urlaub ließen mir keine Zeit für Selbsterforschungen. Wir würden für drei Wochen nach Südfrankreich fahren, mit dem Auto und mit unseren zwei Kindern. Da gab es noch viel zu erledigen. Wäsche herrichten, Strandmatten besorgen, Rechnungen begleichen, Koffer packen, Auto in der Werkstatt überprüfen lassen usw.

So machte ich mir auch keine Gedanken, wenn wir abends nach vielen Erledigungen noch gemütlich vor unserer Flasche Wein saßen und uns auf Sonne, Meer und Erholung freuten. Zudem war ich der festen Überzeugung, daß nach dem Urlaub ohnehin alles besser werden würde. Und dann würde ich auch weniger Alkohol trinken, hatte ich mir fest vorgenommen.

Daß ich zu diesem Zeitpunkt an dem großen Wendepunkt meines Lebens stand, konnte ich damals nicht wissen. Denn jetzt wurde aus dem Alltagsmenschen Gunda Werner – die Alkoholikerin.

2. Der erste Entzug

Endlich ist es soweit. Ich schaue auf den Wecker, er hat noch nicht geklingelt. Es ist 2.30 Uhr. Die Unruhe läßt mich nicht länger im Bett liegen. Beim Aufstehen wird mir übel. Das ist sicher die Aufregung. Meine Hände zittern. In der Küche hole ich die angebrochene Flasche Wein aus dem Kühlschrank und schenke mir ein Glas ein. Während der Fahrt darf ich doch keinen Alkohol trinken, denn die lange Strecke möchte ich meinem Mann nicht allein zumuten. Ich werde auch einen Teil der Strecke fahren.

Nein, den Rest lasse ich auch nicht mehr in der Flasche. Schließlich kommen wir erst in drei Wochen zurück, und bis dahin ist der Wein kaputt. Ich trinke noch das Glas leer. Jetzt aber schnell, die Kinder wecken. Und schon geht es rund. Frühstück herrichten, waschen, Betten machen, die Koffer ins Auto, und los geht es.

Während der ersten Stunden sind die Kinder noch aufgeregt und plappern hinter uns. Später schlafen sie ein. Ich bin unruhig. Bestimmt nur die Angst vor dem Autofahren! Meine Hände zittern. Bloß nicht ständig hinschauen! Nach der Mittagspause wechseln wir.

Ich fahre weiter. Meine Konzentration läßt mich die wachsende Unruhe vorübergehend vergessen. Wir nähern uns dem sonnigen Süden. Es ist heiß. Nach einer Stunde

21

bitte ich meinen Mann, das Steuer zu übernehmen. Mir ist übel. Meine Hände zittern immer stärker. Schweißgebadet halte ich an.

Ich versuche auszusteigen. Mir wird schwarz vor Augen. Ich falle zurück in den Sitz. Mein Mann schüttet mir Mineralwasser über die Arme, wäscht mein Gesicht kalt ab. Langsam geht es mir wieder besser. Nur das Zittern wird schlimmer und das Dröhnen in meinen Ohren.

»Fahr weiter, es geht schon wieder«, versuche ich meinen Mann zu beruhigen. Ich presse mich in den Sitz zurück und versuche mich mit Gewalt zu konzentrieren. Nicht ohnmächtig werden, nur nicht ohnmächtig werden! Wir sind noch ungefähr eine Stunde von unserem Zielort entfernt. Nur noch eine Stunde von Meer, Erholung und Urlaub entfernt. Ich muß durchhalten, ich muß, ich muß …

Jemand spricht französisch auf mich ein. Hilft mir aus dem Wagen in ein Sanitätsauto. Man legt mich auf die Pritsche.

»Du bist im Notarztwagen. Du warst auf einmal ohnmächtig. Ich konnte gerade noch bei der Tankstelle Hilfe holen«, sagt mein Mann. Ich sehe, wie der Sanitäter Kekse an meine Kinder verteilt. Sie beobachten, was mit mir passiert. Ich muß erbrechen. Mein ganzer Körper bebt. Sie versuchen mir die Sauerstoffmaske aufzusetzen. Es ist unmöglich, da ich immer wieder würge.

Mein Mann übersetzt die Erklärungen des Arztes:

»Es muß die Hitze sein, die Klimaumstellung. Sie spritzen dir jetzt Kalzium. Du darfst drei Tage nicht an die Sonne und nicht im Meer baden!«

Das ist mir egal, wenn nur das Zittern aufhört und das Dröhnen in meinem Kopf!

Nach zwei Stunden geht es mir gut genug, daß wir noch das letzte Stück bis zu unserem Appartement fahren können.

»Soll ich dir etwas zu trinken besorgen?« fragt mein Mann.

»Ja, am besten Whisky oder so etwas, ein Glas davon hat mir doch sonst auch immer geholfen, wenn ich so zittrig war«, erwidere ich.

Mein Mann besorgte eine Flasche, und ich trank ausgiebig. Nach einer Stunde hatte das Zittern nachgelassen. Ich konnte wieder aufstehen. »Na, du hast uns vielleicht einen Schrecken eingejagt«, sagt mein Mann zu mir.

Das glaube ich gerne, aber ich schwöre bei Gott, ich wäre damals nie auf die Idee gekommen, daß das, was ich mitgemacht hatte, mein erster klassischer Alkoholentzug war. Einer von vielen, die noch folgen sollten. Und es war tatsächlich so, daß auch der Notarzt trotz der eindeutigen Symptome nicht auf die richtige Diagnose gekommen ist.

Am nächsten Morgen trank ich gegen die aufkommende Übelkeit gleich vor dem Frühstück den ersten Schnaps. Schnell wurde mir besser. So konnte ich auch das morgendliche Zittern recht gut unter Kontrolle halten.

Ich werde diesen Urlaub nie vergessen. Morgens Whisky gegen die Übelkeit, vormittags Sekt für den Kreislauf, mittags Rotweinschorle gegen den Durst, abends Wein pur, weil es so schön war und der Wein so gut. Trinken, essen, schlafen, schwimmen. So ging das Tag für Tag. Drei Wochen lang.

Mein Körper war zu erschöpft, zu kaputt, um ständig gegen das Gift anzukämpfen. Ich spürte nur noch das Bedürfnis, ständig zu schlafen. Jeden Gedanken, der sich mir über meine Trinkgewohnheiten aufdrängte, schob ich sofort zur Seite. Mein Mann nahm mir das Versprechen ab, zu Hause sofort unsere Ärztin zu konsultieren. Das versprach ich gerne, denn mir war klargeworden, daß es so nicht weitergehen konnte.

Ich fühlte mich schlapp und ausgelaugt. Solange ich Alkohol trank, ging es mir ganz gut, da war ich nur furchtbar müde. Sobald ich aber über mehrere Stunden nicht trank, kamen das Zittern, die Schweißausbrüche und die Angst wieder. Das war der schlimmste Urlaub meines Lebens. Ich wollte nur noch nach Hause.

Dann kam der Tag der Abreise. Mir ist heute noch nicht klar, wer wohl mehr Angst vor der langen Heimfahrt hatte, mein Mann oder ich. Beide hatten wir die Befürchtung, daß es mir wieder so ergehen könnte wie bei der Anreise. Vorsichtshalber packten wir noch eine Flasche Whisky ins Auto. Für den Fall der Fälle. Denn damals glaubten wir beide noch, auf diese Weise meine vermeintlichen Kreislaufprobleme in den Griff bekommen zu können.

Ich trank morgens vor der Abfahrt heimlich noch die Rotweinflasche leer. Dann fuhren wir los. Mir ging es wider Erwarten recht gut, bis wir bereits hinter der deutschen Grenze waren. Immer unruhiger wurde ich, der Kopfschmerz kam wieder, das Zittern, der Schweiß. Schnell holten wir die Flasche aus dem Kofferraum. Schluck für Schluck, Stunde um Stunde, Kilometer um Kilometer näherten wir uns unserem Haus.

Endlich daheim. Gott sei Dank.

Am nächsten Morgen ging ich nach einem Sektfrühstück (wir mußten schließlich unsere Rückkehr feiern) zu meiner Hausärztin. Ich berichtete ihr von meinem Zusammenbruch und erzählte von meinen Beschwerden, der morgendlichen Übelkeit, dem Erbrechen, dem Zittern und dem kalten Schweiß. Klagte über die Schmerzen in Magen und Speiseröhre und über das Stechen in meinen Beinen.

»Ich rate Ihnen zu einer umfassenden Untersuchung in einer Klinik«, sagte sie. Nachdem die Blutprobe ausgewertet war, meinte sie: »Sie haben die Blutwerte eines Alkoholikers. Aber das kann es bei Ihnen doch nicht sein!«

»Nein, nein, sicher nicht«, erwiderte ich, »ich trinke zwar ab und zu Wein, aber davon kommen die Beschwerden sicher nicht!«

Ich war wirklich entrüstet! Mir so etwas zu sagen, mich mit einem Alkoholiker überhaupt nur zu vergleichen!

Mit dem Einweisungsschein für die Klinik ging ich nach Hause. Als erstes trank ich noch den restlichen Sekt von morgens aus, denn ich wußte, in der Klinik würde ich ohnehin keinen Alkohol mehr trinken. Am Nachmittag packte ich meinen Koffer, brachte die Kinder zu ihrer Oma und verabschiedete mich. Bis bald!

Am frühen Abend genehmigte ich mir noch einen Schoppen Wein »zum Einschlafen«. Mehr nicht, denn ich wollte nüchtern in die Klinik kommen. Im Bett las ich nochmals die Einweisung:

»Nicht definierbare Beschwerden im Magen- und Oberbauchbereich. Eintreffen in der Klinik um acht Uhr erwünscht.«

Unruhig schlief ich irgendwann ein.

Es ist 1.20 Uhr. Mir ist übel. Ich friere, schwitze, zittere, bebe. Das ganze Bett bebt. Ich bin wie im Fieberkrampf. Der Schweiß bricht in Strömen aus meinen Poren. Mein Mann erwacht.

»Um Gottes willen, was ist denn mit dir los?«

»Ich weiß es nicht«, sage ich.

Tränen tropfen auf mein Kissen. In sechs Stunden muß ich in der Klinik sein. Im Bett kann ich nicht mehr liegen. Ich muß raus.

Mühsam kämpfe ich mich aus dem Bett, sammle meine Kleider zusammen. Mit der rechten Hand hangle ich mich am Kleiderschrank entlang, in Richtung Badezimmer. Unbedingt, ich brauche unbedingt einen Whisky, vielleicht hilft der. Alle guten Vorsätze, nüchtern in der Klinik einzutreffen, werden unwichtig. Noch drei Schritte bis zur Treppe. Alles dreht sich um mich, mir wird ganz heiß, alles wird schwarz vor meinen Augen…

»Frau Werner, hören Sie mich? Öffnen Sie den Mund!«

»Bei der Inspizierung des Rachens erbrochen«, diktiert der Arzt einer Krankenschwester.

»Wo bin ich?« Mühsam versuche ich den Raum wahrzunehmen. Versuche mich aufzusetzen. Ich falle wieder zurück auf die Pritsche. Mir ist kalt. Man hat mir ein blaues Operationshemd angezogen.

»Sie sind in der Notaufnahme der Klinik. Sie sind zusammengebrochen. Ihr Mann hat Sie hergebracht, mit dem Notarzt«, sagt der Arzt.

»Wo ist mein Mann?« frage ich.

»Beruhigen Sie sich jetzt!«

Der Arzt versucht, eine Spritze in den Arm zu stechen.

»Halten Sie die Frau fest, sie zittert so, daß ich nicht einmal den Arm treffe!«

Zu dritt klammern sie mich auf der Pritsche fest, daß der Körper einigermaßen ruhig daliegt.

»Starker Tremor. Verdacht auf Alkoholentzug«, diktiert der Arzt.

Alkoholentzug, Alkoholentzug, das Wort frißt sich in mein Gehirn. Ich gleite zurück in eine selige Ohnmacht.

»Frau Werner, hören Sie mich? Wissen Sie, wie spät es ist? Wissen Sie, wer Sie sind?«

Die Fragen prasseln auf mich ein. Kalt, unbarmherzig, monoton.

Nein, nein, nein, ich weiß es nicht! Ich weiß überhaupt nichts mehr! Ich möchte antworten, aber ich kann nicht. Keine Silbe kommt über meine Lippen.

Meine Augenlider flattern. Alles verschwimmt um mich herum. Mein Hals ist trocken.

»Wasser, bitte, Wasser!« bettle ich.

»Nein, Sie dürfen jetzt nichts trinken, sonst müssen Sie erbrechen«, sagt die Schwester.

Ich liege in einem kalten Raum. Draußen beginnt es hell zu werden. Mir ist so kalt, und doch läuft mir der Schweiß in Bächen den Körper hinab. Ich spüre Tropfen an meinem Rücken. Mir ist so übel. Ich versuche, meine zitternde linke Hand zu heben.

»Nicht!« schreit die Schwester, »sonst ziehen Sie mir die Nadel heraus.«

Erst jetzt sehe ich die Infusionsnadel in meiner Hand, das Metallgestell mit dem Beutel daran.

Glasklare Flüssigkeit wird in meinen Körper gepumpt.

»Das ist Flüssigkeit mit Mineralstoffen, sonst würden Sie austrocknen, so wie Sie schwitzen«, erklärt die Schwester.

Sie lächelt mich an. Jetzt erst fällt mir auf, wie abweisend mich die anderen bisher behandelt haben. Der Arzt, die anderen Schwestern und Pfleger.

»Schlafen Sie, Sie haben etwas zur Beruhigung bekommen«, sagt sie. »Es wird Ihnen bald besser gehen!«

Hoffentlich, denke ich.

»Wo ist mein Mann?«

»Er ist nach Hause gefahren, er kommt später wieder.«

Ich habe Angst, verstehe nicht, was passiert ist. Verlassen fühle ich mich, so furchtbar alleine. Unter Tränen schlafe ich wieder ein.

»Na, wieviel trinken wir denn so am Tag?«

Höhnisch grinsend steht ein Arzt an meinem Bett. Er sieht mich von oben herab an.

»Müssen ja so einige Whiskys am Tag gewesen sein?«

»Nein, nein, nur wenig und auch nicht oft.«

Mühsam winde ich mich unter seinen Worten. Brennend spüre ich Haß, Zorn und Verzweiflung in mir hochkriechen. Aber mir fehlt die Kraft, die richtigen Worte zu erwidern. So kann ich nur versuchen, ihn und mich selbst zu belügen.

»Nein, nein, soviel war es wirklich nicht!«

Natürlich glaubte er mir nicht. Natürlich weiß ich das, heute!

Natürlich weiß ich, daß er recht hatte. Damals tat es nur weh, furchtbar weh, so hilflos dazuliegen, wie ein Stück Dreck behandelt zu werden. So hilflos, so krank, so gedemütigt. Links und rechts von mir lagen hinter Wandschirmen Männer, die man mit 2,4 und 3,6 Promille auf der Straße aufgeklaubt hatte. Alkoholiker!

Irgendwann am Vormittag werde ich aus dem Wachsaal mit dem Bett herausgeschoben und auf eine normale Station verlegt. Die Schwester kommt:

»Brauchen Sie etwas?«

»Ich habe so furchtbaren Durst«, sage ich.

»Sie bekommen nur durch die Infusion Flüssigkeit. Wir müssen zuerst Ihren Magen untersuchen.«

Es klopft. Mein Mann kommt herein. Tiefe Erleichterung erfaßt mich. Er küßt mich, nimmt meine Hand.

»Na, wie geht es dir?«

»Furchtbar!« antworte ich.

»Der Arzt sagt, alles käme wahrscheinlich vom Alkohol«, sagt mein Mann.

Nein! Ich kann das nicht glauben. Ich will es nicht glauben. Sicher täuschen sich die Ärzte. Das kann doch gar nicht sein. Das gibt es doch nicht.

»Herr Werner, das reicht jetzt. Bitte, kommen Sie morgen wieder!«

Weg. Wieder allein.

»Ich muß zur Toilette«, sage ich.

»Warten Sie, ich hole die Schüssel, Sie dürfen nicht aufstehen!«

Die Schüssel, widerlich! Ich schäme mich vor meiner Zimmerkollegin. Wie ich so daliege, zitternd, schwitzend, fast nackt.

Meine Zähne klappern aufeinander.

»Das ist die Anstrengung für den Körper, das macht der Entzug«, sagt die Schwester.

Immer wieder höre ich Entzug, Alkoholentzug. Das stimmt doch nicht. Meine Ärztin sagte doch, das wäre es bei mir nicht. Außerdem trinke ich doch gar nicht soviel, andere trinken viel mehr. Ich traue mich nicht zu protestieren. Nicht gegen das Wort, nicht gegen die Untersuchungen, die folgen. Der Magen wird durchleuchtet, die Lunge, die Speiseröhre, Blut wird abgenommen. Erschöpft und zitternd liege ich endlich wieder in meinem Bett.

»Wissen Sie, welcher Tag heute ist?« Vor mir steht eine Ärztin.

»Ja, Freitag«, sage ich.

»Zeitlich orientiert«, diktiert die Ärztin.

»Wann darf ich nach Hause?« frage ich.

»Wir müssen noch etliche Untersuchungen machen, und Ihr Körper muß vollständig entgiftet sein, dann können Sie vielleicht nächste Woche entlassen werden.«

Ich will nach Hause. Ich rede und feilsche mit ihr, daß ich wenigstens über das Wochenende heim darf. Heim zu meinem Mann, zu meinen Kindern.

»Aber am Wochenende machen Sie doch ohnehin keine Untersuchungen«, protestiere ich.

»Warten Sie, das kann ich nicht entscheiden, ich hole den Oberarzt«, sagt sie.

Dann kommt sie wieder, gefolgt von ihrem Chef. Ich rede und rede und rede. Daß ich doch nach Hause muß, wegen der Kinder. Und daß ich ganz sicher am Montag früh wieder da bin. Daß ich ja nicht alleine bin, sondern mein Mann auf mich aufpaßt, und daß ich wiederkomme, sobald sich mein Zustand verschlechtern würde.

»Also gut. Ich bin zwar dagegen, aber ich kann Sie nicht zwingen, hier zu bleiben. Ich entlasse Sie auf eigene Verantwortung von morgen, also Samstag mittag, bis Montag früh. Aber wie gesagt, ich übernehme keine Verantwortung!«

Die Bedeutung der Worte des Arztes begreift mein mit Medikamenten vollgepfropftes Hirn nicht.

Voller Begeisterung begrüße ich meine Mutter, die mich besuchen kommt. »Stell dir vor, ich darf nach Hause, zu den Kindern, über das Wochenende«, schwärme ich.

»Das finde ich unverantwortlich von dem Arzt. Schau dich doch an, du kannst ja nicht mal alleine laufen, so zitterst du!«

Sie kann meine Freude nicht bremsen. Was versteht sie schon davon, denke ich. Als mein Mann kommt, besprechen wir, daß er mich am nächsten Tag abholen soll. Draußen wird es langsam dunkel. Er sitzt an meinem Bettrand, hält meine Hand.

»Sieh doch«, sage ich, »die Wolken sehen wie Schiffe aus!«

»Ich sehe keine Schiffe«, erwidert mein Mann.

»Doch, doch, schau genau hin!«

Vor meinen Augen verformen sich die Wolken zu Schiffen. Ich kann nicht verstehen, daß er sie nicht sieht. Ich träume doch nicht! Mit dem Versprechen, mich morgen um elf Uhr abzuholen, verabschiedet sich mein Mann.

Nach dem Abendessen liege ich im Bett und versuche, eine Zeitschrift zu lesen. Es geht nicht. Sie fällt mir immer wieder aus der Hand. Es gelingt mir nicht, sie festzuhalten. Ich lege sie weg, versuche mich zu konzentrieren. Immer häufiger entgleiten mir meine Gedanken. Ein unbeschreibliches Gefühl steigt in mir auf. Ein Gefühl, das ich nicht kenne, das mir Angst macht. Ich versuche noch, mit meiner Nachbarin zu scherzen. Aber die Angst wird größer, stärker.

Ich spüre, wie dieses Gefühl langsam hochsteigt, sich in mir breitmacht, von mir Besitz ergreift. Als ich zum Fenster schaue, sehe ich einen schwarzen Mann in einem langen Mantel, ganz in Schwarz, mit einem schwarzen, breitrandigen Hut. Neben ihm eine Frau im langen, ebenso schwarzen Mantel, mit langen, wehenden schwarzen Haaren. Und zwischen beiden ein Feuer, ein schwarzes Feuer, wie ein Lagerfeuer, so sieht es aus, nur schwarz, unheimlich schwarz.

Noch sind die Gestalten weit weg, so scheint es mir. Doch sie kommen langsam näher, immer näher, auf das Fenster zu. Es scheint, als würden sie schweben. Ich schaue fort, versuche mich zu konzentrieren. Schaue wieder zum Fenster. Näher, immer näher kommen sie, größer, immer größer werden sie.

»Da, schauen Sie doch, schauen Sie doch, wer ist das?« rufe ich meiner Nachbarin zu.

»Machen Sie Witze?« sagt sie, »ich sehe nichts!«

»Doch, sehen Sie nur, sie kommen näher, immer näher!«

Meine Angst steigert sich zur Panik. Ich drehe mich fort, versuche an etwas anderes zu denken. Etwas zwingt mich, wieder zum Fenster zu starren.

Noch näher kommen sie, die schwarzen Gestalten, noch größer werden sie. Alles in mir wird starr. Ich meine zu explodieren. Was ist mit mir? Was soll das? Was ist los?

Meine Gedanken wirbeln jetzt durcheinander. Ich setze mich auf, sehe zum Fenster. Jetzt sind sie so groß wie das Fenster, diese schwarzen Geister.

Sie wollen mich holen! Sie kommen!

»Nein!« schreie ich, »ich will nicht, laßt mich in Ruhe!«

Ich schreie, tobe, springe aus dem Bett, falle gegen das Nachtkästchen, schaue auf das Bett meiner Nachbarin.

Sie sieht auf einmal anders aus, sieht aus wie meine Cousine. Ich greife an meinen Kopf, in meinem Schädel tobt es. Alles verschwimmt vor meinen Augen. Nur die Gestalten werden größer, immer größer.

»Nein! Nein!« Ich schreie, tobe, renne durch das Zimmer. Die Angst frißt mich auf, die Gestalten sind *in mir*!

Wo bin ich? Um mich herum stehen Apparate. Ich sehe meinen Herzschlag auf einem Monitor. Meine Arme und Beine geben mir das Gefühl, nicht zu meinem Körper zu gehören. Als ich meinen Arm bewegen will, merke ich, daß meine Hände festgeschnallt sind. Ich versuche mich aufzurichten. Langsam begreife ich, daß ich gefesselt bin, festgeschnallt auf einem Bett. Festgebunden am Bauch, an Armen und Beinen.

»Wo bin ich?« Leise stöhne ich vor mich hin.

»Sie sind auf der Intensivstation. Sie hatten Freitag nacht ein Delirium tremens. Einen Wahntraum. Heute ist Sonntag. Bleiben Sie ruhig liegen, bis der Arzt kommt!«

Ich verstehe nicht. Was ist, was war?

»Wo ist mein Mann?«

»Er hat angerufen, einen schönen Gruß von ihm!«

»Wann kommt er?« frage ich.

»Erst, wenn es Ihnen wieder gut geht und der Arzt es erlaubt«, antwortet die Schwester.

Mein Gott, warum ist er nicht da? Bitte, bitte komm! Laß mich doch hier nicht alleine! Die Sehnsucht nach ihm zerreißt mir fast das Herz.

Mein Körper vibriert. Alles an mir zittert. Ich bin schweißgebadet. Neben meinem Bett steht ein Wandschirm. Hinter ihm schreit in unregelmäßigen Abständen eine Frau. Laut, durchdringend, schrill.

Ich habe Angst, ich verstehe nicht, was hier passiert. Was ist mit mir? »Was war denn?« frage ich.

»Sie haben getobt! Das war ein Delirium tremens, Angstzustände hatten Sie, das kommt vom Alkoholentzug«, sagt der Arzt später.

»Sie sind gegen das Bett Ihrer Zimmernachbarin gefallen. Wir haben Ihnen ein Beruhigungsmittel gespritzt, aber das hat nicht mehr gewirkt. Ihr Zustand war zu fortgeschritten.

Deshalb mußten wir Sie auf die Intensivstation verlegen. Ein Delirium kann in Ihrer Verfassung tödlich sein. Weil Sie so getobt haben, mußten wir Sie anschnallen. Wir werden Sie jetzt noch zwei Stunden beobachten. Wenn Sie dann noch zeitlich und örtlich orientiert sind, dürfen Sie baden. Die Schwester hilft Ihnen. Sie werden dann auch losgeschnallt.«

Immerhin weiß ich jetzt, warum ich hier liege.

Ich warte und versuche meine Gedanken zu ordnen. Versuche mich zu erinnern. Die Gestalten. Richtig, die Gestalten und die Angst. Ich sehe wieder alles vor mir. Mir wird heiß und kalt.

Mein Körper wird wie von einem Fieberkrampf geschüttelt. Eine Schwester nimmt meine Hand.

Beruhigend streicht sie über meine Stirn.

»Es wird alles wieder gut. Das Schlimmste haben Sie überstanden. Und heute nachmittag darf Ihr Mann Sie besuchen!«

Ihre Hand tut mir so gut.

Ich weine, aus Angst, aus Scham, aus Erschöpfung.

Entzug, Alkohol, Entzugsdelirium, die Worte spuken in meinem Gehirn herum. Zwei Krankenschwestern kommen, lösen die Gurte, helfen mir aus dem Bett.

»Vorsicht, die Infusionsnadel!«

Jetzt erst bemerke ich, daß ich wieder am Tropf hänge. Sie führen mich zu zweit den Gang entlang, vorbei an Betten und Apparaten. Vorsichtig helfen sie mir in das lauwarme Wasser.

»Ich muß immer wieder an die Ziege denken«, sagt die eine.

Sie schütteln sich vor Lachen.

»Was für eine Ziege?« frage ich.

»Ach, wir mußten so lachen mit Ihnen«, sagt sie.

Ich glaube vor Scham in den Boden zu versinken. Wenn man nicht weiß, warum man ausgelacht wird, tut es doppelt weh, vor allem in diesem Zustand.

Was war da nur, in den Stunden, in denen ich mein Gehirn nicht mehr unter Kontrolle hatte? In den Stunden, an die ich mich bei stärkster Konzentration nicht mehr erinnern kann, von denen ich nichts mehr weiß?

Nie in meinem Leben war ich so hilflos, so einsam, so verlassen. Nie in meinem Leben war ich mehr gedemütigt, habe ich mich mehr geschämt als damals, als ich nackt vor diesen lachenden Frauen in der Badewanne saß.

Unfähig, mich selbst zu waschen, aufzustehen oder mich abzutrocknen. Unfähig, denen, die mir so wehtaten, aus Verachtung und Haß ins Gesicht zu spucken.

Sie halfen mir aus der Wanne. Zu zweit führten sie mich zurück zum Bett. Ein Mann kommt mir entgegen. Auch er hat nur einen Operationskittel an, hinten offen. Das Haar zerzaust. Schwarze Ringe unter den Augen. Wie ich wohl aussehe? Endlich liege ich wieder in meinem Bett. Erschöpft, der Ohnmacht nahe.

Wie lange ich wohl geschlafen habe? Der Arzt gibt mir eine Spritze. »Die hilft Ihnen gegen die Entzugserscheinungen. Morgen werden Sie auf die Normalstation verlegt!«

Schön, denke ich, wenigstens das. Dann komme ich endlich wieder heraus aus diesem kahlen Raum, wo ich mir selbst nur noch wie ein Apparat vorkomme, ständig überwacht und beobachtet.

Ich bemerke, daß alles, was ich sage oder mache, von der Schwester auf einem großen Bogen notiert wird. Immer wieder stellt sie mir dieselben Fragen:

»Wie heißen Sie?« »Welcher Tag ist heute?« »Wo sind Sie?«

Ja, ja, ich weiß es. Ich bin wieder da. Wieder orientiert. Auch wenn ich noch lange nicht begriffen habe, was eigentlich passiert ist. Obwohl ich noch lange nicht weiß, wie es weitergehen soll!

Mein Mann kommt! Ich freue mich so!

»Na, wie geht es dir?« fragt er.

»Na ja!«

Was soll ich schon sagen?

»Warum bist du gestern nicht gekommen?« frage ich.

»Der Arzt hat mich nicht zu dir gelassen. Er sagte, daß du ohnehin nichts mitbekommen würdest. Und wenn du mal einen halbwachen Zustand hattest, warst du so aufgeregt, daß es für dich schon so sehr gefährlich war. Außerdem meinte er, er müsse mir diesen Anblick ersparen!«

Mein Gott, wieder diese Marter im Gehirn. Was war denn? Was habe ich getan, gesagt, gemacht? Wie habe ich denn ausgesehen, daß man nicht einmal mehr meinen eigenen Mann zu mir lassen konnte? Wie heißt es in der Bibel:

»Mein Gott, warum hast du mich verlassen?« Warum ich? Warum muß ich hier liegen, diese Hölle durchleben? Warum ich, warum, warum, warum? Wo ist denn dieser verdammte Gott, warum läßt er mich so alleine?

Ich gleite wieder zurück in diese tiefe, wohlige Ohnmacht.

»Laß die Augen zu, Kind! Wir sind ja so froh, daß du lebst. Versuch zu schlafen. Es wird alles wieder gut!«

Wie aus weiter Ferne höre ich die Worte meines Vaters, spüre, wie seine Hand mein Gesicht streichelt.

Ich höre die Stimme meiner Mutter.

Meine Augen sind geschlossen. Ich möchte niemanden sehen. Möchte nicht, daß mich jemand sieht.

Vogel-Strauß-Politik. Steck den Kopf in den Sand, und niemand sieht dich!

Geht weg, denke ich, geht endlich weg. Ich will allein sein, alleine, ganz alleine.

Ich will sterben. Will weg aus dieser Hölle. Geht doch weg, geht endlich weg, schreit alles in mir!

Mein Kissen ist naß von den Tränen der Scham, der Angst, der Verzweiflung. Mein Körper fängt wieder an zu beben. Schweiß bricht aus allen Poren. Mein Stöhnen ruft den Arzt.

»Bitte, gehen Sie jetzt. Ihre Tochter verkraftet noch keine Aufregung!«

»Wiedersehen, Kleine, wir kommen bald wieder!«

Wieder eine Spritze.

»Zur Beruhigung«, sagt der Arzt.

»Versuchen Sie zu schlafen. Ihr Körper braucht Ruhe!«

Er nimmt meine Hand. Ich werde ruhiger. Langsam gleite ich wieder in diesen Zustand zwischen Schlaf und Ohnmacht. Ich bemerke keine Dämmerung, keine Dunkelheit, keine Nacht.

Als ich am nächsten Morgen erwache, steht wieder der Arzt an meinem Bett.

»Na, wie geht es Ihnen heute?«

Er lächelt mich ermunternd an.

»Ich glaube, besser«, sage ich.

Und wirklich, das Zittern hat nachgelassen, und mir ist zum ersten Mal seit langer Zeit nicht mehr übel.

»Nur schlapp und müde fühle ich mich!«

»Ja, das wird auch noch mindestens vier Wochen dauern, bis sich Ihr Körper einigermaßen von dem Delirium erholt hat. So ein Zustand strapaziert den Körper bis an seine Grenzen. Sie müssen jetzt vor allem viel schlafen!«

Er ist nett, der Arzt. Ein junger, ausländischer Arzt. Bei ihm spüre ich so etwas wie Verständnis, menschliche Wärme. Das tut gut nach den bisherigen Erfahrungen. Noch immer bin ich an den Tropf angeschlossen, werde künstlich ernährt.

Die Schwester kommt, wäscht mich, kämmt meine Haare, zieht mir ein Nachthemd an. Endlich ein richtiges Nachthemd.

»Ich fühle mich direkt wieder wie ein Mensch«, denke ich für mich.

Laut werde ich nichts sagen. Mit dieser Schwester rede ich kein Wort. Ich versuche, ihr mit meinem Schweigen meine Verachtung zu zeigen. Meinen Haß für ihre Demütigung. Mehr kann ich nicht. Leider!

Man hat mich wieder auf die alte Station geschoben. Ängstlich beobachte ich das Treiben um mich herum. Mein Bett steht mitten auf dem Gang. Schwestern, Ärzte, andere Patienten und wildfremde Besucher begutachten mich im Vorübergehen.

Was die wohl über mich denken? Was sie wohl wissen? Ob sie wissen, daß ich wegen Alkohol…?

Wieder diese Tränen. Meine Nerven sind wohl nicht mehr die besten. Verstohlen wische ich die Tränen ab, drehe mein Gesicht zur Wand.

Ich will niemanden sehen!

»Frau Werner, Sie kommen vorläufig wieder in Ihr altes Zimmer!«

Ich habe Angst vor der Wiederbegegnung mit meiner Zimmerkollegin.

»Hallo, na, wie geht es dir?«

»Danke«, sage ich.

Wieso sagt sie »du« zu mir? Habe ich ihr das »Du« angeboten? Ich weiß doch nichts mehr!

»Hat deine Mutter noch etwas gesagt, weil du sie mitten in der Nacht angerufen hast?« fragt sie mich.

»Wieso meine Mutter?« frage ich zurück.

»Ja, weißt du das nicht mehr?« Sie ist erstaunt.

»Nein, ich kann mich an nichts mehr erinnern! Was war denn überhaupt?«

Sie erzählt mir, daß ich immer wieder nach meiner Mutter gerufen hätte.

Daß sich die Ärzte köstlich amüsiert hätten, weil ich so getobt habe. Daß ich meine Mutter angerufen habe und irgend etwas von ... abholen, morgen abholen ... gesagt habe.

Daß ich schließlich leblos zusammengesackt bin und sie mich rausgefahren haben.

Raus hier! Ich will nur noch raus. Ich halte das nicht länger aus. Die Aufregung läßt mein Herz jagen.

Der Schweiß durchnäßt mein Bett. Die Angst kommt wieder. Ich glaube zu ersticken!

»Beruhigen Sie sich doch. Schnell, Schwester, eine Spritze! Und dann bringen Sie Frau Werner in ein anderes Zimmer. Sie hält diese Aufregung nicht mehr aus!«

Routiniert zieht die Ärztin die Spritze auf, sticht zu.

Langsam wird mein Körper ruhiger.

Aber mein Kopf tobt.

Meine Gedanken wirbeln durcheinander.

»Warum, was ist, wie lange, wieso, weshalb, warum ich?«

Sie haben mich in ein anderes Zimmer gebracht. Neben mir liegt eine alte Frau. Sie lächelt mir aufmunternd zu.

»Na, was fehlt Ihnen denn?«

»Ich weiß es nicht!« Oder hätte ich sagen sollen, Alkoholentzug, Delirium tremens, Intensivstation?

Vielleicht weiß sie es ohnehin schon. Oder würde sie mich dann anders behandeln, so wie andere es tun? Kühl, abweisend, als Abschaum?

Der Tag vergeht in der Routine des Krankenhausalltags. Untersuchungen, Blutabnahme, neue Tropfinfusion, Essen abräumen, Fieber messen.

Am Nachmittag kommt mein Mann. Wie sehnsüchtig ich auf ihn gewartet habe!

»Wie geht es den Kindern?« frage ich.

»Gut, die sind bei der Oma, schöne Grüße von ihnen!«

»Wann kommen sie mich denn besuchen?« Bittend sehe ich ihn an.

»Ich darf sie noch nicht mitbringen, erst, wenn es die Ärztin erlaubt. Vielleicht morgen!«

Ich sehe sie vor mir. Sie fehlen mir so. Das Heimweh zerreißt mich fast. Es schmerzt mich, körperlich.

»Kommt ihr denn zurecht ohne mich?« frage ich.

»Es geht schon. Werde du nur schnell gesund, das ist viel wichtiger!«

Beide vermeiden wir das Thema Alkohol. Noch!

Der Oberarzt kommt.

»Ich möchte mit Ihnen morgen ein ausführliches Gespräch führen. Bleiben Sie bitte nachmittags in Ihrem Zimmer!«

Ein ausführliches Gespräch? Wozu denn?

Was will er mir denn noch sagen? Soll es noch schlimmer kommen?

Weiß ich denn noch immer nicht genug?

Meint er, daß ich noch nicht genug mitgemacht habe?

Es war eine unruhige Nacht. Immer wieder bin ich aufgeschreckt. Alpträume haben mich gequält. Immer wieder das gleiche. Ich träumte, daß ich Alkohol trinken will, trinken muß, aber jemand zieht mir im letzten Moment die Flasche weg. Schweißgebadet liege ich in meinem Bett. Zitternd, frierend, müde, todmüde!

Endlich wird mir die Infusionsnadel aus dem Arm gezogen. Die Hand ist schon ganz dick geschwollen, ganz grün und blau verfärbt.

»Na, wie geht es Ihnen?« Die Schwester schüttelt mein Kissen auf.

»Mein Gott, Sie sind ja pitschnaß!«

Sie wäscht mich, zieht mich um. Noch immer bin ich nicht in der Lage, mich selbst zu versorgen. Noch immer sacke ich zusammen, wenn ich auch nur aufzustehen versuche.

Mein Körper ist zu schwach, zu erschöpft.

Am Nachmittag kommt der Oberarzt.

»Gehen Sie bitte inzwischen hinaus!« sagt er zu meiner Zimmernachbarin.

»Es wird länger dauern.«

Er setzt sich an mein Bett.

»Strecken Sie die Arme aus. Schließen Sie die Augen. Führen Sie den rechten Zeigefinger in großem Bogen zur Nasenspitze!«

Verzweifelt versucht meine zitternde Hand das Ziel zu erreichen. Es geht nicht. Es geht einfach nicht!

Ich spüre die Schamröte in meinem Gesicht. Die Augen brennen vor Tränen.

»Lassen Sie! Das kommt schon wieder.«

Und dann erklärt er mir. Langsam, geduldig.

Daß ich alkoholkrank bin, nie mehr Alkohol trinken darf, mein ganzes Leben nicht mehr.

Daß, wenn ich wieder trinke, das Delirium in immer kürzeren Abständen, dafür um so heftiger auftreten wird. Daß ich so einen Entzug nicht mehr oft überstehen würde, daß ich eine Entziehungskur mitmachen sollte.

Dann zählt er mir die Schädigungen auf, die mein Körper durch den chronischen Alkoholkonsum bisher schon erlitten hat:

Magengeschwüre, Magenwandentzündung, Speiseröhrenentzündung zweiten Grades, Nervenschädigungen an den Beinen. Nieren- und Leberentzündung, Veränderung der Anzahl der roten Blutkörperchen, Schädigung des Rückenmarks. Vernichtung einer großen Anzahl von Gehirnzellen durch das Delirium und und und.

Bevor er geht, empfiehlt er mir dringend, heute abend an einem »Meeting« der Anonymen Alkoholiker teilzunehmen. Er verläßt mich. Mich? Ein Nervenbündel, ein verletztes, verwundetes, kaputtes, seelisches und körperliches Wrack.

Wie hat er gesagt?

»In Ihrem ganzen Leben keinen Schluck Alkohol mehr.« Nie mehr!?

Ich gehöre nicht dazu. Nein, nein, ich glaube es nicht. Die müssen sich getäuscht haben. Alle. Nein, ich gehe nicht hin zu den AA. Da gehöre ich nicht dazu. Ich bin kein heruntergekommenes, versoffenes Individuum. Ich schaffe das allein. Schließlich bin ich auch noch jemand.

Daß ich mich nicht traue, zu diesem Meeting hinzugehen, gestehe ich mir an diesem Tag nicht ein.

»Na, waren Sie gestern abend bei dem Treffen?« Die Ärztin steht vor mir.

»Nein, leider hatte ich Besuch«, sage ich.

Sie notiert: Empfehlung, an einem Meeting der AA teilzunehmen, nicht befolgt.

»Sie werden morgen entlassen. Melden Sie sich dann im
Lauf der Woche bei Ihrer Hausärztin. Die Medikamente
müssen Sie noch drei Wochen lang einnehmen, damit Sie
kein Delirium mehr bekommen!«

Gott sei Dank, alles in mir jubelt. Endlich nach Hause.
Endlich heim zu meinem Mann und meinen Kindern. Endlich raus aus dieser Hölle.

Erstmals seit langer Zeit spüre ich wieder Freude.

Mühsam und langsam schleppen sich die Stunden hin bis
zur Entlassung.

In dieser Nacht habe ich erstmals keinen Alptraum.

Es ist zehn Uhr vormittags. Ich laufe im Zimmer auf und
ab. Unruhig, erwartungsvoll. Der Koffer ist gepackt. Von
den Ärzten und Schwestern habe ich mich bereits verabschiedet.

»Alles Gute«, sagen sie, »und denken Sie daran, keinen
Schluck Alkohol. Und gehen Sie zu den Anonymen Alkoholikern«, fügt die Stationsärztin hinzu.

»Ja, ja.« Nichts wie raus hier, nur raus und heim! Mein
Mann kommt, endlich! Wir fahren die wenigen hundert
Meter von der Klinik nach Hause. Je näher wir dem Haus
kommen, um so mulmiger wird mir, um so kälter und
feuchter werden meine Hände, um so ängstlicher werde ich.

»Und jetzt? Wie soll es jetzt weitergehen?« fragt mich

43

mein Mann. »Du hast ja mit dem Oberarzt gesprochen und weißt, daß du nie wieder Alkohol trinken darfst!«

»Ich verspreche dir, daß ich keinen Alkohol mehr anrühren werde. Mir reicht, was ich erlebt habe. Glaubst du wirklich, daß ich nach dieser Erfahrung auch nur an Alkohol denke? Bestimmt nicht!« antworte ich ihm.

Ich habe es ehrlich gemeint in diesem Augenblick. Ich schwöre es! Hundertprozentig ehrlich.

Mein Mann holte die Kinder bei der Oma ab. Als sie kamen, schloß ich sie in die Arme und schwor bei Gott, daß ich nie mehr Alkohol trinken würde, um der Kinder willen nicht mehr, nie mehr.

Die Tage vergingen. Langsam vereinnahmte mich der Alltag wieder. Kinder, Wäsche, Haushalt, Kochen beanspruchten meine Zeit. Noch spürte ich kein Verlangen nach Alkohol. Noch wirkten die Medikamente, benebelten das Suchtzentrum im Gehirn.

Es war seltsam, ganz ungewohnt, Mahlzeiten einzunehmen ohne Bier, ohne Wein oder Schnaps. Vormittags kein Sekt für den Kreislauf, abends kein Wein gegen die Langeweile. Es hat lange gedauert, bis ich begreifen konnte, daß man auch ohne Schlummertrunk schlafen kann.

Zumindest einigermaßen, stundenweise.

Denn langsam begann mein Gehirn, die Geschehnisse aufzuarbeiten. Alpträume quälten mich, ließen mich schweißgebadet und zitternd vor Angst aus dem Schlaf hochfahren. Ließen mich nicht mehr einschlafen, nicht abschalten, nicht zur Ruhe kommen im ständigen Gedankenkarussell. Warum ich, wie soll es weitergehen, wie lange kann ich das durchhalten, ein Leben ohne jeglichen Alkohol?

»Grüß Gott, Frau Werner«, begrüßt mich meine Hausärztin, »warten Sie, ich hole schnell den Bericht vom Krankenhaus!«

Dann liest sie mir nochmals die Untersuchungsergebnisse vom Klinikum vor. Sie sind mir bekannt.

»Und dann steht da noch die Empfehlung, daß Sie zu den Anonymen Alkoholikern gehen sollen!«

Nachdenklich sieht sie mich an.

»Tja, Frau Werner, ich weiß nicht recht, das ist doch nichts für Sie«, sagt sie dann.

Meine Ärztin kennt mich. Schon seit dreißig Jahren kennt sie mich, kennt meine Mutter, meinen Vater, die gesamte Familie. Mein, wie es so schön heißt, soziales Umfeld.

»Das ist doch nichts für Sie«, sagt sie.

Natürlich freuen mich ihre Worte, tun meiner wunden Seele gut.

Also gehöre ich doch nicht zu diesen versoffenen Typen. Also hatte ich doch recht daran getan, nicht zu dem »Meeting« zu gehen. Gerne wiederholte ich meinem Mann später ihre Worte. Und wie sagte sie noch: »Sie sind zwar alkoholkrank, aber eine Alkoholikerin sind Sie doch nicht!«

Ein seltsames Gefühl beschleicht mich. Heute bin ich das erste Mal seit meinem Krankenhausaufenthalt zum Einkaufen in den nahen Supermarkt gegangen. Unsicher bin ich geworden. Ich versuche allen aus dem Weg zu gehen, die mich kennen.

»Ja, Frau Werner, wie geht es Ihnen denn? Sie waren doch im Krankenhaus. Was hat Ihnen denn gefehlt?«

Was soll ich jetzt sagen?

»Man weiß noch nichts Genaues. Irgend etwas war mit den Blutwerten nicht in Ordnung«, antworte ich schnell.

»Gute Besserung, auf Wiedersehen!«

Nochmal gutgegangen. Ich kann der doch nicht sagen, daß ich …

Oder sieht man mir das schon an?

Weiß schon die ganze Welt, warum ich so zittere?

An der Gemüseabteilung vorbei, am Brotregal vorbei schiebe ich meinen Wagen. Ich bemerke, wie sich meine Unruhe steigert.

»Möchten Sie probieren? Wir haben heute Bier im Sonderangebot, pro Kasten zwei Flaschen gratis!«

Mir wird schwindlig, mich würgt es, Schweiß bricht aus den Poren. Mühsam klammere ich mich am Wagen fest, schiebe ihn Richtung Kasse. Den Geldbeutel kann ich fast nicht halten, meine Hand flattert über das Kleingeldfach hinweg. Ich bekomme einen Schein zu fassen, lege ihn hin.

Das Rückgeld schiebe ich in meine Manteltasche. Den immer noch geöffneten Geldbeutel lege ich in den Korb.

Raus hier, nur raus! Heim, nichts wie heim!

Ich nehme die erstaunten, beobachtenden Blicke um mich herum nicht wahr.

Ich will sie auch nicht sehen.

Dr. Inge Irgendwer. Psychiater und Nervenfachärztin, lese ich.

In meiner Hand knistert der Untersuchungsbericht vom Krankenhaus.

Nervös sitze ich im Wartezimmer. Einen Patienten, eine Patientin nach der anderen mustere ich.

Was denen wohl fehlt?

Sicher ist außer mir niemand wegen einer Alkohol-krankheit hier.

Das passiert doch nur mir!

»Frau Werner, bitte!«

»Guten Tag, was kann ich für Sie tun?«

Freundlich abwartend sitzt sie hinter ihrem riesigen Schreibtisch.

Was soll ich jetzt sagen? Soll ich sagen, daß ich...

Wortlos lege ich ihr den Bericht hin.

»Aha«, sagt sie.

Ich weiß nicht, was ich von diesem »Aha« halten soll. Was sie wohl über mich denkt?

Sie sieht mich abschätzend an.

»Und was soll ich jetzt... Und was soll ich jetzt mit Ih-nen machen?« Prüfend beobachtet sie mich.

»Ich weiß es nicht«, sage ich.

Wie ein Kind vor einem strengen Lehrer fühle ich mich. Auf sein Wohlwollen und Verständnis vertrauend.

»Meine Hausärztin schickt mich zu Ihnen! Ich hatte ge-hofft, daß Sie mir helfen können«, sage ich.

»Wie denn?« fragt sie mich.

Verflucht noch mal, was weiß denn ich, denke ich.

Also untersucht sie zuerst mal meine Beine. Heißt mich die Augen schließen und sticht mit einer Nadel immer und immer wieder in meine Beine.

»Spüren Sie etwas? – Und jetzt?«

»Ja!«

»Und jetzt?«

»Nein!«

»Und jetzt?«

»Nein!«

Ich öffne die Augen und sehe auf meine Beine. Überall

läuft in kleinen Spuren Blut herunter. Es schmerzt. Wut erfüllt mich, Haß.

Auf sie, auf mich, auf alles.

»Sollen wir noch ein EEG machen?« fragt sie.

Ich weiß nicht, was das ist. Außerdem will ich nicht mehr. Ich will nicht mehr!

Ich möchte nach Hause, heim. Schnell, ganz schnell zurück. Zurück in mein Heim, in mein Nest. In das Stück Vertrautheit, Geborgenheit, das mir noch geblieben ist.

»Warum weinen Sie denn, kann ich Ihnen helfen?« werde ich gefragt.

Helfen? Wie will sie mir denn helfen? Was weiß sie denn schon von mir, von meiner Verzweiflung?

Mittlerweile bin ich seit zwei Wochen wieder zu Hause. Eigentlich macht mir die Gewohnheit zu trinken mehr zu schaffen als das Verlangen nach Alkohol. Die Gewohnheit, Zeit durch Trinken zu überbrücken.

Vormittags, während der Pause, die ich mir genehmige, abends vor dem Fernseher, wo gewohnheitsmäßig ein volles Glas greifbar nahe stand.

Jetzt steht eine Tasse dampfender Tee vor mir. Ich versuche, in mein Innerstes hineinzuhören.

Fehlt mir der Alkohol?

Nein, eigentlich nicht.

Im Gegenteil, ich bin ganz stolz, jeden Tag im Kalender einen Tag durchkreuzen zu können.

Darunter zu schreiben:

Heute wieder nichts getrunken. Wieder gewonnen. Wie hätte ich auch damals schon begreifen sollen, daß es kein Kampf sein darf, wenn man gewinnen will?

Heute kam meine Schwester zu Besuch. Nein, eigentlich nicht zu Besuch. Geholfen hat sie mir. Mit ihrem geschulten Blick hat sie mein Chaos im Haushalt sofort erkannt. Sie hat auch gesehen, daß ich körperlich noch gar nicht fähig war, hier wieder Ordnung zu schaffen. Mein Zittern und meine Schwäche waren auch noch leicht erkennbar.

Den ganzen Tag hat sie geputzt und geschrubbt.

Mein Mann strahlt, als er nach Hause kommt.

»Hier blitzt ja alles vor Sauberkeit!«

Dankbar will er sich revanchieren:

»Möchtest du jetzt ein Bier oder ein Glas Wein zur Erholung?«

»Nein«, sagt sie, »ich trinke tagsüber keinen Alkohol!«

Ihre Antwort trifft mich wie ein Blitz aus heiterem Himmel.

Hätte ich das nur früher auch so gehalten! Die Erkenntnis trifft mich unerwartet hart!

Seit zwei Stunden sitze ich vor einem Kreuzworträtsel. So groß wie eine DIN-A4-Seite. Wie lang doch ein Abend sein kann. Früher war ich um 20 Uhr meistens schon so müde, daß ich auf der Couch eingeschlafen bin.

Sicher, der Alkohol war schuld daran. Das weiß ich inzwischen. Ich freue mich, daß es mir mittlerweile wieder besser geht.

Keine Übelkeit mehr am Morgen. Der Appetit kommt wieder. Es macht ja auch wieder Spaß zu essen, wenn die Speiseröhre nicht mehr brennt wie Feuer, bei jedem Schluck. Der Magen sich nicht bei jedem Bissen verkrampft.

Ich freue mich morgens darauf, den Rolladen zu öffnen

und die Sonne zu sehen. Ich habe die Sonne lange nicht mehr wahrgenommen.

Bruder von Kain?

Abel!

Seitenfluß der Donau?

Fluß in Ägypten?

Je länger ich über dem Rätsel brüte, desto klarer wird mir eine Tatsache, die mich schlagartig betroffen macht, die mich trifft wie ein Keulenschlag, die mich zu Tode erschreckt!

Ich bin verblödet!

Begriffe, die für mich selbstverständlich waren, geläufig, zu jeder Tages- und Nachtzeit verfügbar, sie sind weg!

Worte, Floskeln, Redewendungen, die ich gewohnt war, in Sätze einzufügen, kann ich nicht mehr formulieren.

Mein Gehirn ist leergefegt. Mein Gehirn, das bisher tadellos funktionierte, ist nicht mehr in der Lage, logische Vorgänge zu erkennen, Neues aufzunehmen.

Muß das denn auch noch sein? Habe ich denn noch immer nicht genug gelitten?

Warum trifft denn mich das Schicksal so hart, warum?

Warum mich? Warum immer mich?

Haß, Wut, Zorn und Verzweiflung zerreißen mich. Ich zerreiße das Rätsel in tausend Stücke.

Es geht hoch her. Lautes, übermütiges Plaudern, Lachen, Singen. Die Musikanlage läuft.

Wir sind eingeladen bei Bekannten. Es ist das erste Mal seit dem Krankenhaus, daß ich mich wieder unter fremde Menschen traue.

Alkohol fließt in Strömen.

Bier, Wein und Schnaps werden angeboten. Es stört mich nicht. Ich habe kein Verlangen nach Alkohol.

»Komm, stoß mit mir an!«

Ehe ich mich versehen kann, habe ich ein Glas Sekt in der Hand.

Mein Körper reagiert sofort.

Schweiß, Zittern, Angst, wie gehabt!

Ich stelle das Glas ab.

»Nein, danke, ich trinke keinen Alkohol!«

Mühsam beherrsche ich meinen Drang, wegzulaufen.

»Warum denn nicht?«

Jetzt ist sie da, die Frage, vor der ich Angst hatte, so viel Angst, daß ich aus diesem Grunde beinahe nicht gekommen wäre.

Was soll ich sagen? Sie dürfen doch nichts merken! Ich kann doch nicht sagen, daß ich...

»Ich muß noch Auto fahren«, stottere ich.

»Macht doch nichts, wegen dem einen Glas!«

»Nein! Nein!«

Heftig, zu heftig reagiere ich. Er sieht mich abschätzend an, nachdenklich.

Mein ganzer Körper zittert. Ich gehe zur Toilette, schließe mich ein. Tief durchatmen! Langsam, ganz ruhig. Es gelingt mir, meinen Körper wieder unter Kontrolle zu bringen.

Ich wasche die Tränen aus meinem Gesicht.

Die erste Hürde ist überstanden. Ich werde noch oft an diesem Abend gefragt, warum ich keinen Alkohol trinke.

»Weil ich Auto fahren muß!«

Aha, das klappt! Der Grund wird zumindest meistens anstandslos akzeptiert.

Wieder dazugelernt. Je häufiger ich die Antwort wiederhole, desto leichter kommt sie mir über die Lippen.

Am Ende des Abends bin ich stolz auf mich! Geschafft! Und kein Glas Alkohol getrunken!

Jetzt geht's aufwärts, jetzt kann mir nichts mehr passieren. Ich habe es geschafft!!!!!

Wenn ich damals gewußt hätte...

3. Der Rückfall

Langsam erholte sich mein Körper. Das Zittern ließ nach und verschwand nach ungefähr vier Wochen ganz. Meine Augäpfel wurden wieder weiß, der Blick klar. Mein Haar wurde wieder dichter. Auch mein Trinkverhalten hatte sich verändert.

Wo ich ging und stand, hatte ich ein Mineralwasser bei mir, eine Tasse Tee oder Kaffee.

Für den Fall, daß ich gefragt wurde, warum ich keinen Alkohol mehr trank, hatte ich mir ein paar Antworten zurechtgelegt, die ich je nach Bedarf einsetzte.

»Wegen meines Magengeschwürs darf ich nicht!«

»Weil ich Auto fahren muß!«

»Weil ich noch Medikamente einnehmen muß!« und vieles mehr.

Mein Tatendrang kehrte zurück. Mir machte die Hausarbeit wieder Spaß. Ich nahm mir wieder Zeit für meine Hobbys. Ich war wieder zufrieden. Langsam versuchte ich die Zeit im Krankenhaus zu verdrängen.

So hätte die Geschichte enden können, wenn da nicht der Teufel Alkohol gewesen wäre...

Denn im gleichen Maße, wie sich mein Körper erholte, schlichen sich Gedanken in mein Gehirn, die mich noch beinahe das Leben kosten sollten.

Je besser es mir ging, desto mehr verschwand die Erinnerung an das Erlebte. Desto unwirklicher wurde mein Krankenhausaufenthalt. Desto unwirklicher die Aussagen der Ärzte.

»Vielleicht war das doch alles gar nicht so schlimm bei mir!«

»Vielleicht haben sie sich ja doch getäuscht, die Ärzte!«

»Vielleicht kam doch alles nur von meiner Nervenanspannung, dem Streß, der Aufregung!«

Plötzlich stand nicht mehr die Aussage der Klinikärzte im Vordergrund: »Sie sind Alkoholikerin, Sie dürfen nie mehr in Ihrem Leben Alkohol trinken!«

Sondern die Aussage der Hausärztin:

»Sie sind zwar alkoholkrank, aber doch keine Alkoholikerin!«

Sie muß doch recht haben, sie kennt mich doch schon so lange!

Dieser Gedanke bohrte in meinem Gehirn. Und noch etwas hatte sich in den letzten Wochen verändert:

Wo anfangs nackte Angst vor alkoholischen Getränken war und Abscheu, verspürte ich plötzlich Neid gegenüber allen, die Alkohol trinken durften.

Immer weniger konnte ich mir ein Leben ohne Alkohol vorstellen.

»Warum darf ausgerechnet ich nichts mehr trinken?«

»Warum mußte mir das passieren? Die anderen trinken doch viel mehr als ich!«

»Alle anderen dürfen Wein und Sekt trinken. Nur ich soll jetzt mein restliches Leben lang nur dieses langweilige Wasser trinken!«

Immer schwerer fiel es mir, im Kreis alkoholtrinkender Menschen, lustiger, angetrunkener Menschen, bei meinem nüchternen Wasser zu bleiben. Ich kam mir vor wie eine Außenseiterin!

Wenn die anderen lachten, mußte ich mich überwinden, mitzulachen. Die hatten es alle gut. Wenn ich drei Gläser Wein getrunken hätte, könnte ich auch lustiger sein. Aber so!

Aus diesem Grund versuchte ich, Einladungen abzulehnen, wo es nur ging. Ich konnte und wollte mich bei Wasser nicht amüsieren. Es fiel mir auch immer schwerer, meine Ausreden überzeugend anzubringen. Auch Einladungen zum Essen lehnte ich nach Möglichkeit ab. Was brachte mir das schönste Menü, wenn ich doch nur Wasser dazu trinken durfte.

Ich wußte damals nicht, daß hinter diesen Gedanken nur ein Grund steckte:

Die Sucht, die Alkoholsucht hatte wieder zugeschlagen und begann langsam, aber systematisch mein Gehirn und meinen Körper zu beherrschen.

Ich wußte damals nicht, daß mich in dieser Situation nur ein ganz klares Nein zu diesen Gedanken und die Unterstützung anderer, suchterfahrener Menschen hätten retten können.

Ich war vielmehr der Überzeugung, meine Situation alleine meistern zu können. Niemals hätte ich mir oder gar anderen eingestanden, daß sich in mir langsam, aber gründlich das Verlangen nach Alkohol breitmachte. Daß es meine Gedanken, später auch mein Tun bestimmte. Heute ist mir klar, woher das alles kam.

Die Medikamente hatte ich abgesetzt, die Wirkung der suchthemmenden Stoffe war weg. Aber in meinen Nervenzellen, im Gehirn, in jeder Faser meiner Organe war noch ein Rest von diesem Gift, dem Alkohol.

Und mein Suchtzentrum im Gehirn schrie nach dem Stoff.

Jede Faser meines Körpers lechzte nach Alkohol, nach dessen beruhigender Wirkung.

Heute weiß ich, daß das erste halbe Jahr nach dem körperlichen Entzug das schwerste ist. Daß in dieser Zeit die gesamte Willenskraft des Geistes und des Körpers gefordert ist, um dem Drang nach Alkohol nicht nachzugeben.

Ich weiß, daß in dieser Zeit die meisten Süchtigen wieder rückfällig werden, weil dieser ständige Kampf, der Kampf ums nackte Überleben ihre Kräfte übersteigt.

Aber damals – damals glaubte ich, alles schon überstanden zu haben. Schon gewonnen zu haben. Nie mehr diese Hölle durchleben zu müssen!

Silvester. Wir hatten Gäste. Das Essen war mir bestens gelungen. Unsere Freunde waren satt, zufrieden und gut gelaunt. Sie hatten Wein getrunken, guten französischen Rotwein. Den hatten wir aus dem Urlaub von einem kleinen südfranzösischen Klosterweingut mitgebracht.

Unter Genießern ein ganz edler Tropfen.

Ich hatte wie immer mein Mineralwasser an meinem Platz. Unsere Freunde haben kein Wort darüber verloren, wußten sie doch alle von meinem Krankenhausaufenthalt, nicht jedoch dessen Ursache.

Dann bot mein Mann zum Abschluß des Essens noch einen Birnengeist an. Echten elsässischen Birnengeist. Alle willigten begeistert ein.

Ich holte die Flasche aus dem Kühlschrank.

Und plötzlich, schlagartig war ein Verlangen danach in mir, das ich in seiner Stärke nicht beschreiben kann.

»Nein!« sagte ich mir. »Nein, das darfst du nicht! Du

weißt es doch! Du darfst keinen Alkohol trinken, auf keinen Fall!«

Schnell brachte ich die Flasche ins Wohnzimmer. Einschenken wollte ich nicht. Konnte ich nicht. Meine Hände zitterten. Ich versteckte sie unter dem Tisch. Das durfte niemand bemerken.

Vor allem mein Mann nicht. Er vertraute doch darauf, daß ich nie mehr trinken würde. Ihn wollte und durfte ich auf keinen Fall enttäuschen. Es wurde immer lustiger in der Runde, natürlich, der klare, gute Schnaps zeigte seine Wirkung.

Ich stand auf, um den Tisch abzuräumen. Doch eigentlich ging es mir nicht um die Teller, Gläser, Bestecke.

Um die Flasche ging es mir. Einzig um die Flasche. Sie zog mich magisch an.

Ich trug sie in die Küche. Stellte sie zurück in den Kühlschrank.

»Sollen wir dir helfen?«

Meine Freundinnen waren mit in die Küche gekommen.

»Nein, nein, danke, ich komme schon zurecht. Ich bin gleich fertig, und dann komme ich nach«, sagte ich.

Sie gingen hinaus, und ich verschloß hinter ihnen die Küchentür.

Ich war alleine. Mit der Flasche. Ich öffnete die Kühlschranktür. Ich schloß sie wieder. Das Spiel ging immer und immer wieder so.

In meinem Kopf hatte ein Kampf begonnen. Ein harter, zäher, unheimlicher Kampf zwischen meinem Verstand und meinem unbarmherzigen Gegner Alkohol.

»Du weißt, daß du rückfällig werden kannst«, sagte der Verstand.

»Ach was, wegen einem kleinen Schluck doch nicht, du

stellst die Flasche ja dann auch sofort zurück«, sagte der Alkohol.

»Du hast es deinem Mann versprochen, hast vor den Kindern geschworen, daß du nicht mehr trinkst«, so der Verstand.

»Ach, riech doch wenigstens mal, riecht der nicht herrlich, nach reifen Birnen? So etwas Gutes bekommt man nicht so oft«, so der Alkohol.

»Mensch, denk doch zurück ans Krankenhaus! Willst du das wieder? Jetzt schon, nach vier lächerlichen Monaten schon?«

»Na, komm schon, jetzt ist doch schon alles überstanden! Jetzt bist du doch schon vier Monate trocken, da kann doch nichts mehr passieren!«

Jetzt. In diesem Moment war etwas anders geworden, hatte sich etwas in meinem Leben verändert, etwas Entscheidendes, etwas beinahe Todbringendes. Etwas, das die nächsten zweieinhalb Jahre mein Leben bestimmen sollte, in Gefahr bringen würde.

Zum ersten Mal hatte das Suchtzentrum im Gehirn gegen meinen Verstand, schlimmer noch, gegen meinen Willen gewonnen.

Ich nahm die Flasche aus dem Schrank, öffnete sie, trank einen kleinen Schluck, verschloß sie und stellte sie zurück.

Ich behielt den Schluck im Mund, kostete ihn aus, quetschte ihn aus wie eine Zitrone, bevor ich ihn langsam, jeden Millimeter genießend, die Kehle hinunterrinnen ließ.

Jede Faser meines Körpers nahm den Schnaps wahr, war offen für seine Wirkung, für sein wohliges, sich ausbreitendes Wärmen.

Nie in meinem Leben hatte der Schnaps mir besser geschmeckt als in diesem Moment.

Mein Todfeind Alkohol hatte gewonnen, hatte jetzt auch meinen Verstand überzeugt.

»Na also, ist doch gutgegangen«, raunte er mir zu.

»Es ist doch gar nichts passiert!«

Noch zweimal an diesem Abend konnte ich diesem inneren Zwang nicht widerstehen. Noch zweimal ging ich alleine in die Küche, um »aufzuräumen«, wie ich sagte. Beide Male nahm ich einen Mund voll Schnaps, schluckte ihn ganz langsam hinunter und genoß den Geschmack reifer Birnen und die wohlige Wärme der Wirkung.

Jetzt hatte sich noch etwas Entscheidendes geändert. Zum ersten Mal in meinem Leben hatte ich ganz bewußt heimlich getrunken.

Aber wem hätte ich dieses Erlebnis erzählen sollen?

Meinem Mann, der an mich glaubte, mir vertraute?

Hätte irgend jemand diese Kapitulation vor der Macht Alkohol verstanden? Mich begreifen können?

Lange, sehr lange habe ich wachgelegen in dieser Nacht. Habe mich selbst beruhigt, indem ich mir fest vornahm, jetzt aber wirklich nie mehr zu trinken.

Und doch merkte ich, daß sich etwas verändert hatte. Auch wenn mir nicht bewußt war, daß mich dieser Abend, diese drei Schluck Alkohol wieder zurückgeführt haben auf den Weg zur Hölle.

Als ich am nächsten Morgen erwachte, fiel mir sofort wieder ein, was gestern geschehen war. Alkohol, der Alkohol hatte gesiegt, hatte all meine guten Vorsätze zunichte gemacht. Hatte mich zur Lügnerin, Verräterin, schlimmer noch, zur Versagerin gemacht.

Zum ersten Mal hatte ich ein schlechtes Gewissen.

Mir gegenüber, weil ich mein Selbstvertrauen ins Wanken gebracht hatte.

Gegenüber meinem Mann, weil ich sein Vertrauen mißbraucht hatte.

Gegenüber meinen Kindern, weil ich meinen Schwur gebrochen hatte.

»Was ist mit dir, du bist so schweigsam?«

Mein Verhalten fiel auf. Sofort überspielte ich mein selbstanklagendes Grübeln, mein angeschlagenes Selbstvertrauen mit fröhlichem Geplauder.

Der Gedanke an den vergangenen Abend ließ mich den ganzen Tag nicht mehr los.

»Warum hast du das nur gemacht? Das war doch wirklich nicht nötig! Jetzt hast du so gut durchgehalten, vier Monate lang!«

So quälte ich mich durch die Stunden. Ich nahm mir nochmals ganz fest vor, jetzt wieder durchzuhalten, keinen Tropfen Alkohol mehr anzurühren.

Am Abend war ich zumindest darüber sehr froh, daß mein Körper nicht reagiert hatte. Gesundheitlich ging es mir ausgezeichnet an diesem Tag.

Eine Woche war seither vergangen. Reumütig war ich wieder zu meinem Mineralwasser, Tee und Kaffee zurückgekehrt. Ich hatte auch kein Verlangen mehr nach Alkohol seit jenem Abend.

Die Tage verliefen wieder normal. Alle Selbstzweifel waren ausgeräumt. Mein Selbstvertrauen war wieder in Ordnung. Es war doch weiter nichts passiert. Eben nur ein »Ausrutscher«. Die rosige Lebensbrille war wieder aufgesetzt.

Und doch begann etwas in mir zu bohren. Erst langsam, kaum wahrnehmbar. Mit den Tagen und Wochen jedoch deutlicher, immer klarer.

»Eigentlich«, sagte etwas in mir, »eigentlich kann es doch gar nicht so schlimm sein mit dir! Denn an jenem Abend den Schnaps, den hast du ja gut verkraftet. Dein Körper hat doch keine Reaktion gezeigt!«

»Vielleicht«, klang es in mir, »vielleicht bist du ja wirklich keine Alkoholikerin! Vielleicht bist du doch nicht abhängig! Sonst hätte doch irgend etwas passieren müssen, nach diesem Abend. Aber du hast seither nichts mehr getrunken, und es hat dir gar nichts ausgemacht! Vielleicht war alles gar nicht so schlimm, und es kam alles doch nur von den Nerven, vom Streß, vom Allgemeinzustand!«

Gefährliche Gedanken waren es, die sich da festzusetzen begannen, verführerische Gedanken.

»Wenn es so ist, dann könntest du doch wieder etwas trinken! Natürlich weniger und nicht jeden Tag. Aber trotzdem, so ab und zu wenigstens, und eben nicht mehr soviel! Vielleicht geht es doch!«

Aber da war doch noch mein Mann! Ihn durfte ich nicht enttäuschen! Er vertraute mir doch!

»Er muß es ja nicht sehen, er muß ja nicht dabei sein, wenn du ganz selten und natürlich nur ganz, ganz wenig…«, bohrte es in mir.

»Nein!!! Nein, ich habe es versprochen, habe es geschworen!«

Gewaltsam zwang ich mir die Bilder wieder vor Augen:

Im Krankenhaus, auf der Intensivstation, die hämisch grinsenden Ärzte. Das Zittern, die Angst, der Schweiß.

»Nein! Nie wieder werde ich so daliegen! Nie mehr. Niemals! Keinen Schluck werde ich mehr trinken. Ich schwöre es – bei meinen Kindern«, versuchte ich mich selbst zu überzeugen.

Es ist Freitag abend. Irgendein Freitag im Januar. Drei Wochen sind vergangen seit dem Abend damals. Es ist mir gut gegangen, die drei Wochen lang.

Wir hatten ab und zu Gäste zwischendurch, waren auch fort, eingeladen. Das Leben lief wieder ganz normal.

Zwar hatte ich gelegentlich Lust auf ein Glas Wein oder Sekt. Aber es war mir gelungen, ohne Alkohol auszukommen. Eisern war ich bei meinem Wasser geblieben, wenn andere Wein oder Bier tranken.

Obwohl es mir sicher nicht leichtgefallen ist, immer abzulehnen, wenn mir Alkohol angeboten, geradezu aufgedrängt wurde. An diesem Freitag nun hatten wir Freunde eingeladen. Die Stimmung war gut, harmonisch.

Als Krönung des Abends holte mein Mann noch die letzte Flasche unseres »Urlaubsrotweines« aus dem Keller.

Er öffnete sie, schenkte den Freunden und sich ein Glas ein. Sie tranken genüßlich.

Unsere Gäste lobten den Wein, waren begeistert von ihm.

Ich hatte wie immer ein Glas Mineralwasser vor mir stehen.

Allmählich spürte ich wieder etwas in mir hochsteigen. »Wie damals, ja, genau wie damals«, sagte ich mir. Da war es wieder, dieses Verlangen. Der Neid auf alle anderen, die die letzte Flasche dieses wunderbaren Weines leerten. Ohne mich leerten.

Da war es wieder, dieses Gefühl des Ausgeschlossenseins, das Gefühl, nicht mehr dazuzugehören, zu den anderen, zu den »Normalen«.

Es fiel mir schwer, nicht über diese Gedanken reden zu können. Niemandem begreiflich machen zu können, daß es gar nicht so einfach ist, immer nur zuzusehen. Denn ich wollte, ja, ich mußte doch stark sein, stark bleiben. Ich hatte Angst davor, mich zu blamieren, mich bloßzustellen, vielleicht sogar deshalb Ablehnung von den anderen zu spüren.

Der Wein war stark, schwer. Die Freunde tranken jeder nur ein Glas davon. Sie hatten Angst, nicht mehr klar denken zu können, nicht mehr mit dem Auto nach Hause fahren zu können, wenn sie weitertrinken würden. Sie verabschiedeten sich bald.

»Es war schön bei euch, und danke für den guten Wein«, sagten sie.

Auch mein Mann mußte noch fort. Er ging. Die Kinder waren im Bett.

Ich kam wie immer meinen hausfraulichen Pflichten nach. Leerte die Aschenbecher, räumte das Salzgebäck fort, trug die Gläser in die Küche und die Flasche.

Da war es wieder. Das Gefühl, das Beste des Abends versäumt zu haben.

»Warum eigentlich?« bohrte es in mir.

»Warum trinke ich eigentlich nicht einfach ein halbes Glas? Ein halbes Glas nur, nicht mehr? Dann bemerkt mein Mann sicher nicht, daß in der Flasche weniger ist als vorher, bevor er ging. Und schaden, nein, ich glaube nicht, daß mir ein halbes Glas schadet! Außerdem gehöre ich ohnehin nicht zu den Alkoholikern, sonst hätte ich doch die drei Wochen nie ohne Alkohol durchgehalten.

Also gut, ein halbes Glas, es ist sowieso die letzte Flasche dieses Weines. Und nur heute, und dann lange nichts mehr. Dann werde ich wieder lange Zeit keinen Tropfen Wein trinken.«

Ich goß mir ein schönes, edel geschliffenes Glas halb voll mit Wein. Kuschelte mich in meinen Lieblingssessel. Es war wie eine Zeremonie. Dieses bißchen Wein wollte ich genießen, wollte etwas davon haben. Mich voll auf den Geschmack konzentrieren.

Ich setzte das Glas an die Lippen und trank. Langsam, ganz langsam in kleinen Schlucken.

Es war ein Genuß, ein Hochgenuß.

Dieser Wein war eine Offenbarung. Ich erinnerte mich daran, wie wir im Urlaub den gleichen Wein getrunken hatten. Sah die Szene vor meinen Augen.

Wie ich dort saß, am Küchentisch, ein Wasserglas mit diesem herrlichen Wein füllte. In drei Zügen hatte ich es ausgetrunken. Damals schmeckte ich doch gar nicht mehr, was ich eigentlich trank.

Aber heute! Ich spürte wieder diese wohlige Wärme, wie sie sich langsam breitmachte, Körper und Geist in Hochform, in Hochstimmung brachte.

Ich fühlte mich wunderbar, phantastisch. Meine Stimmung war auf dem Höhepunkt. Ich spürte, wie mein Gaumen von diesem trockenen Wein leicht pelzig wurde. Da mein Körper keinen Alkohol mehr gewohnt war, spürte ich sehr bald diese typische, euphorische Stimmung des Weintrinkers.

Schluck für Schluck trank ich das Glas leer. Es machte mir nichts aus, daß es leer war. Ich wollte nicht noch mehr trinken! Es war genug. Ich blieb noch eine Weile sitzen und freute mich an dem Geschmack, der noch meinen Mund, meinen Gaumen erfüllte.

Dann trug ich das Glas in die Küche, spülte es ab und räumte es fort. Mein Mann durfte nichts merken, wenn er nach Hause kam. Die Flasche stellte ich in den Schrank.

Ich ging zu Bett und schlief auch sehr bald ein. Tief und fest schlief ich in dieser Nacht.

»Du hast mich gar nicht mehr gehört, als ich kam. Du hast so ruhig geschlafen wie schon lange nicht mehr«, sagte mein Mann am nächsten Morgen.

Den ganzen nächsten Tag beobachtete ich meinen Körper genau. Ich wollte wissen, ob sich irgendeine Reaktion auf den Alkohol zeigen würde.

Meine Hände waren etwas feuchter, insgesamt schwitzte ich etwas mehr als in den vergangenen Tagen.

Aber ansonsten ging es mir ausgezeichnet. Ich spürte auch absolut kein Verlangen nach Alkohol. Ich hätte gar keinen trinken wollen.

»Also bin ich doch keine Alkoholikerin! Vielleicht geht es doch mit dem ›kontrollierten Trinken‹«, bohrte es in mir.

Geredet habe ich mit niemandem darüber.

»Erst muß ich mir ganz sicher sein«, sagte ich mir.

Im Frühjahr 1988 kam es dann zu der Geschichte mit dem alkoholfreien Bier.

In der Werbung hatte ich schon häufig von alkoholfreiem Bier gehört, gelesen, gesehen.

Irgendwie war es mir zu einseitig, immer nur Mineralwasser, Kaffee und Tee zu trinken.

Während einer Untersuchung beim Internisten fragte ich den Arzt, ob ich dieses Bier trinken dürfe.

»Ja«, sagte dieser, »das können Sie unbedenklich trinken!«

Also fing ich an, abends vor dem Schlafengehen zur Abwechslung noch ein Bier zu genießen. Es schmeckte mir von Mal zu Mal besser.

Ich trank es regelmäßig, jeden Abend.

Erst eines, dann zwei, später drei und vier. Nach wenigen Wochen trank ich auch am Vormittag eines, später dann vor- und nachmittags.

Nach einem Vierteljahr waren es am Tag fünf bis sechs Bier. Ich durfte es doch, der Arzt hatte es bestätigt.

Was ich damals nicht wußte, war, daß es kein wirklich alkoholfreies Bier gibt und der Arzt es mir niemals hätte empfehlen dürfen. Es ist in der Medizin bekannt, daß trockene Alkoholiker durchaus durch dieses Bier rückfällig werden können. Der Alkoholgehalt liegt immerhin bei bis zu 2 %. Aber woher hätte ich das damals wissen sollen?

Mir fiel nicht auf, daß sich mein Konsum von Woche zu Woche steigerte. Außerdem war ich mir sicher, keine Alkoholikerin zu sein. Denn außer dem Bier trank ich nichts, was auch nur im entferntesten nach Suchtstoff aussah.

Doch irgendwann zum Sommeranfang wurde das Verlangen nach Alkohol größer und größer.

So ging ich eines Vormittags und holte eine Flasche Wein aus dem Keller. Ich öffnete sie, schenkte mir ein Schoppenglas voll und trank langsam und gemütlich Schluck für Schluck. Die angebrochene Flasche versteckte ich hinter den Töpfen im Küchenschrank.

Denn mir war klargeworden, daß ich niemandem davon erzählen durfte. Außerdem hatte ich mir vorgenommen, nur ein einziges Mal in der Woche Wein zu trinken, und auch da nur einen viertel Liter.

Ich hatte also das Glas leergetrunken und verräumt. Die wohlige Wirkung des Alkohols hatte wieder eingesetzt, und ich fühlte mich sehr gut. Gedanklich hatte ich mich bereits bis zur nächsten Woche vom Wein verabschiedet. Und die Flasche war sicher versteckt.

Es ging mir die ganze Woche gut. Mein Verlangen nach

Alkohol war nicht größer geworden. Und so freute ich mich auf den nächsten Schoppen Wein. Ein schlechtes Gewissen hatte ich nicht, denn spätestens jetzt war ich voll und ganz davon überzeugt, das Problem Alkohol fest im Griff zu haben.

Nur traute ich mich noch immer nicht, meinem Mann zu erzählen, daß ich ab und zu Wein trank. Er hatte mich immer wieder gefragt, ob mir die Abstinenz nichts ausmache, und ich hatte immer wieder verneint. Auch konnte und wollte ich das Versprechen, um das er mich immer wieder bat, nämlich nichts zu trinken, nicht brechen.

Ich merkte, daß er mir vertraute, und ich wollte ihn nicht mehr und nie wieder enttäuschen.

»Später vielleicht«, dachte ich mir immer wieder, »später sage ich ihm ganz sicher alles!«

Ich war glücklich, mir ging es körperlich sehr gut, ich hatte auch am folgenden Tag keinerlei Probleme wegen des Alkoholkonsums, und so überlegte ich mir:

»Wenn dein Körper ohnehin keine Entzugserscheinungen zeigt, bist du also keine Alkoholikerin. Also kannst du mit Alkohol doch umgehen!«

Ich nahm mir nochmals vor, in Zukunft kontrolliert zu trinken. Wenig und vor allem nicht jeden Tag. Aber ich sah jetzt auch keinen Grund mehr, immer eine ganze Woche auf das nächste Glas Wein zu warten.

»Also«, dachte ich mir, »also müßte es doch auch möglich sein, wenn ich zweimal in der Woche einen Schoppen Wein trinke!«

Ich probierte es gleich aus. Meine Vorsätze schwanden im gleichen Maße, wie der Alkoholkonsum stieg. Ich trank nicht mehr zweimal die Woche, sondern sehr bald wieder täglich, später dann auch nicht mehr einen Schoppen, sondern zwei und mehr, und nicht mehr nur vormittags, sondern auch nachmittags und abends.

Auch wenn ich noch sosehr die Tatsache zu verdrängen suchte, wurde mir doch immer klarer, daß ich es geschafft hatte, innerhalb eines halben Jahres abhängiger zu sein als in der Zeit vor dem Krankenhausaufenthalt.

Tiefer in der Sucht zu stecken als je zuvor. Nicht um alles in der Welt hätte ich mich jemandem anvertraut, hätte ich irgend jemandem mein Versagen eingestanden. Wie hätte ich denn sagen sollen: »Schau mich an, ich bin wieder abhängig«, ohne alle zu enttäuschen, ohne mich erneut zu demütigen?

Außerdem verleugnete ich es vor mir selbst, daß die Sucht mich bezwungen hatte. Ich gestand es mir selbst nicht ein. Niemals hätte ich zugegeben, doch eine Alkoholikerin zu sein. Niemals!

So schob ich den Gedanken beiseite, so weit wie möglich fort. Ich zählte die Gläser, die ich trank, die Flaschen, die ich leerte, einfach nicht mehr.

Noch gelang es mir auch gut, die Sucht nach außen zu verheimlichen. Sorgfältig versteckte ich die angebrochenen Flaschen, spülte benutzte Gläser sofort aus, lutschte Pfefferminzbonbons, bevor mein Mann nach Hause kam oder wir zu anderen Menschen gingen.

Noch versuchte ich auch meine Hausarbeit gut zu verrichten, die Kinder nicht zu vernachlässigen.

Noch gelang es mir, so viel Kraft, Zeit und Ausdauer für mein Make-up aufzubringen, daß die Spuren des Alkoholkonsums nicht sichtbar wurden.

Auch mein Gedächtnis funktionierte noch so gut, daß ich mich morgens sofort erinnern konnte, wo ich die Flaschen versteckt hatte. Noch konnte ich auch die Verringerung des Weinvorrats durch irgendwelche Geburtstage, Geschenke und so weiter erklären.

Inzwischen war mein Weinkonsum so gestiegen, daß ich gezwungen war, jeden Tag wenigstens zwei Flaschen zu kaufen. Das konnte so nicht weitergehen. Denn irgendwann hätte mein Mann das bemerkt, oder in dem Supermarkt, in dem ich immer einkaufte, wäre es aufgefallen.

Viele der Verkäuferinnen wohnten in unserer Nachbarschaft und kannten mich folglich. Also mußte ich etwas ändern. Oder aufhören.

Nein, ans Aufhören habe ich damals keinen Gedanken verschwendet. Etwas in meinem Unterbewußtsein sagte mir zwar, daß mein Alkoholkonsum gefährlich sei, aber ich war doch der Überzeugung, daß ich sofort aufhören könnte, wenn ich nur wollte.

Aber ich wollte gar nicht. Denn immer noch glaubte ich nicht daran, Alkoholikerin zu sein. Und aufhören? Das würde ich dann schon, irgendwann, aber jetzt doch nicht. Nicht heute, nicht diese Woche. Wozu auch? Noch schmeckte mir der Wein. Noch war alles in Ordnung.

Um also nicht aufzufallen und der Gefahr, entdeckt zu werden, zu entgehen, kam ich auf den Gedanken, statt Wein lieber Cognac oder Whisky zu trinken. Denn ein kleines Glas Whisky war leichter zu verstecken als ein großes Schoppenglas Wein.

Und im Verstecken und im heimlichen Trinken entwickelte ich mich langsam zur Meisterin.

Die Flasche versteckte ich hinter Töpfen im Küchenschrank und das jederzeit griffbereite, jederzeit gefüllte Glas hinter anderen Wassergläsern.

Noch eine Veränderung trat bei mir ein. Je mehr ich alkoholische Getränke zu mir nahm, desto weniger trank ich

Nichtalkoholisches! Es fiel mir nicht auf. Noch trank ich morgens Tee, vormittags dann Wein, abends saß ich dann mit meinem Mann vor dem Fernseher bei Wasser oder Tee, während ich immer wieder aus irgendwelchen fadenscheinigen Gründen in die Küche ging und dort heimlich aus meinem Versteck Hochprozentiges holte.

Immerhin dachte ich noch immer an meinen verräterischen Atem und hatte in allen Räumen Schachteln mit Pfefferminzpastillen deponiert. So ging das den ganzen Herbst hindurch.

Der Winter kam. Die Vorbereitungen für Weihnachten nahmen meine Zeit und meine Gedanken in Anspruch. Am Heiligen Abend und an den Feiertagen hatten wir Gäste.

Während sie und mein Mann zum Essen Alkohol tranken, saß ich bei Wasser und Saft.

Sobald sich die Möglichkeit ergab, in die Küche zu verschwinden, schloß ich die Tür, holte die Flasche aus dem Versteck, schenkte mir ein Glas voll und trank. Meistens Wein, immer häufiger Schnaps.

Immer hatte ich dabei Angst, entdeckt zu werden.

Immer die Angst, daß plötzlich die Tür aufgeht und jemand mich sieht.

Immer die Angst, die Flasche nicht rechtzeitig hinter den Töpfen verstecken zu können.

In dieser Zeit waren wir häufig eingeladen. Und auch hier hatte ich eine neue Methode entwickelt. Nachdem ich wußte, daß ich nirgendwo mehr Alkohol trinken konnte, ohne es meinem Mann einzugestehen, war ich auf die Idee gekommen, ständig in einer kleinen Flasche Wein bei mir zu haben.

Eine neue Entwicklung war eingetreten. Die Zeit des »Flachmanns« war da.

Somit hatte ich die Möglichkeit, während eines Besuches oder eines Aufenthalts außerhalb meines Hauses mal kurz auf die Toilette zu verschwinden und, unbemerkt von den anderen, zu trinken. Die Pfefferminzbonbons hatte ich stets bei mir. Bald schon hatte sich der Inhalt meiner Handtasche verändert. Wo vorher Taschentücher, Sicherheitsnadel, Fotos und Schminkutensilien Platz gefunden hatten, waren jetzt Flachmann, Bonbons und ein Schal, in den ich den verräterischen Gegenstand einwickelte, meine ständigen Begleiter.

Februar. Mittlerweile ließ sich mein Zustand immer schwerer verheimlichen. Nicht daß ich je so betrunken gewesen wäre, daß man mir den Alkohol angemerkt hätte.

Ich versuchte auch noch zu dieser Zeit, immer nur so viel zu trinken, daß mein Zustand nicht auffiel.

Aber mein Körper reagierte auf die ständige Vergiftung. Ich wurde wieder müde, wie vor dem ersten Entzug. Es war mir nur noch selten möglich, abends länger als bis 21 Uhr wach zu bleiben.

Meist schlief ich vor dem Fernseher ein. Allmählich fiel es meinem Mann auf.

»Was ist los mit dir?« fragte er immer wieder und immer häufiger.

»Ach, gar nichts. Ich habe nur zur Zeit soviel Arbeit, vielleicht habe ich eine Erkältung in mir, vielleicht habe ich wieder Eisenmangel!« So und ähnlich waren meine fadenscheinigen Erklärungen für die Veränderung.

»Geh doch bitte wieder mal zum Arzt und laß dein

Blut untersuchen«, sagte er immer häufiger. Das konnte ich natürlich am allerwenigsten tun! Denn dann wäre sofort der Grund für meine Müdigkeit bekanntgeworden!

»Du vergißt in letzter Zeit so viel!«

Auch diese Bemerkung hörte ich immer häufiger von meinem Mann, den Kindern und auch Verwandten.

»Das ist der Streß! Ich habe einfach zuviel um die Ohren! Meine Termine, deine, die der Kinder!«

Immer aggressiver wurden meine Antworten auf ihre Beobachtungen.

Immer häufiger geriet ich mit anderen in Streit.

Daß all dies auf meinen heimlichen Alkoholkonsum zurückzuführen war, wollte und durfte ich nicht wahrhaben.

Allmählich begann ich mich regelmäßig vormittags wieder hinzulegen und zu schlafen. Denn ich wollte abends länger aushalten. Auf keinen Fall sollte mein Mann auf den Gedanken kommen, daß ich wieder trinke.

Langsam begann sich der Teufelskreis zu schließen.

Da ich vormittags schlief, blieb die Arbeit liegen. Folglich mußte ich die Arbeit nachmittags machen, wodurch weniger Zeit für die Kinder blieb.

Der Haushalt wurde allmählich zu einem Chaos.

Unordnung herrschte, schmutzige Wäsche stapelte sich, gebügelte Hemden wurden zum Glücksfall.

Ich konnte mein Arbeitspensum nicht mehr bewältigen. Auf Dauer konnte das natürlich nicht unbemerkt bleiben.

Und so kam, was zwangsläufig kommen mußte.

Eines Abends war ich wieder auf der Couch eingeschlafen. Plötzlich rüttelte mich mein Mann am Arm.

Schlaftrunken und benommen vom Alkohol richtete ich mich auf.

»Und jetzt?« fragte mein Mann.

Noch nie, seit ich ihn kenne, habe ich je so eine Eiseskälte in seiner Stimme gehört.

Vor mir auf dem Tisch stand die angebrochene Whiskyflasche, die ich in der Küche versteckt hatte.

»Willst du immer noch behaupten, daß du nicht mehr trinkst?«

Das Blut stockte in meinen Adern. Ich starrte die Flasche an. Tränen rannen über meine Wangen.

»Hast du immer noch nicht genug? Willst du uns ruinieren? Hast du wirklich geglaubt, ich hätte nicht bemerkt, daß du von Tag zu Tag müder wirst, daß du dich immer mehr veränderst?«

Vorwurf über Vorwurf prasselte auf mich herab.

Ja, ja, ja, dachte ich. Du hast ja recht, du hast vollkommen recht!

»Ja, ich bin rückfällig geworden«, schrie ich.

»Ich weiß nicht warum, ich weiß es wirklich nicht, warum ich wieder angefangen habe!«

»Du hast recht, mich zu hassen, mich zu verabscheuen, mich zu verachten!«

»Ich bin euer nicht wert, ich bin nicht wert, eine Familie zu haben!«

»Ich hasse mich selbst dafür, ich bereue nichts mehr, als daß ich wieder angefangen habe zu trinken!«

Alles brach aus mir heraus. Ich schrie, tobte, flehte ihn an, mir zu verzeihen. Bettelte, doch zu vergessen. Versprach, nie, nie, nie mehr zu trinken.

Ich schwor, trocken zu werden, alles zu tun, um ihn nie mehr zu enttäuschen.

Mein Körper bebte, die Hände zitterten, Schweiß floß mir in Bächen den Rücken hinab.

Er hat mir verziehen. Er hat mir geglaubt. Wieder geglaubt, meinen Versprechungen, meinem Schwur. Hat mich getröstet und in seinem Arm gehalten.

»Es wird schon wieder gut. Du mußt nur durchhalten. An dich selber glauben. Dir selbst vertrauen!«

Eine ganze lange Nacht haben wir geredet, gelitten, uns gegenseitig Hoffnung gemacht. Jetzt wird alles wieder gut. Ich habe es selbst geglaubt.

Habe mir geschworen: Aus! Nie mehr! Nie wieder!

Gemeinsam haben wir die Flasche weggeworfen.

»Nein«, antwortete ich auf die Frage meines Mannes, »mehr Flaschen habe ich nicht versteckt. Wirklich nicht!«

Die anderen Flaschen habe ich ihm nicht gezeigt. Ich wollte ihn nicht noch mehr verletzen. Mich nicht noch mehr quälen. Es war genug. Mehr als genug. Mehr fast, als wir beide ertragen konnten.

Ich versprach und ich glaubte daran, nie mehr zu trinken. Nie wieder wollte ich ihn so enttäuschen. Nie wieder diese Angst und Verzweiflung, dieses Leid in seinen Augen sehen. Nie wieder… So glitt ich hinüber in eine quälende Nacht voller Alpträume. In eine quälende Zukunft.

Am nächsten Morgen erwache ich. Mein Körper ist voller Unruhe, meine Hände zittern.

»Das kommt von der Aufregung«, tröste ich mich. Noch einmal rufe ich mir die gestrige Situation vor Augen und schwöre mir noch einmal, keinen Tropfen Alkohol mehr anzurühren.

Ich richte das Frühstück, besorge den Haushalt. Meine Unruhe wächst. Mein Körper bebt von innen heraus. Die Hände zittern stärker.

Noch immer schiebe ich den Gedanken daran, wieder abhängig zu sein, weit von mir.

Nein, ich trinke einfach nichts. Ich habe es versprochen! Ihm und mir!

Der Drang nach Alkohol wird stärker, immer stärker. Meine Unruhe immer größer. Ich kann meine Tasse Kaffee nicht mehr halten. Sie rutscht mir aus den zitternden Händen, fällt auf den Fußboden und zersplittert in tausend Scherben.

Was ist los? Was ist los mit mir? Ich muß es doch schaffen. Ich brauche doch nur einfach nichts zu trinken. Ich bin doch nicht abhängig!

Oder doch? Angst steigt in mir auf. Das gibt es doch nicht! Die vom Krankenhaus können doch nicht recht gehabt haben! Ich bin doch keine Alkoholikerin! Sonst hätte es doch nicht geklappt mit dem kontrollierten Trinken. Das wäre doch sonst nicht gegangen.

Oder doch? Die Unruhe steigt. Mein Körper bebt, verkrampft sich. Was ist mit mir? Mir wird übel. Ein Würgen schüttelt mich. Ich muß erbrechen. Das kann nur von der gestrigen Aufregung kommen!

Körper und Geist sträuben sich mit aller Macht gegen eine Erkenntnis, die mich trifft wie ein Schlag!

»Doch, doch, du bist wieder abhängig! Schau dich doch an, dein Zittern, deinen Körper, wie er sich windet unter der Qual! Unter der Qual, keinen Stoff mehr für seine Sucht zu haben.

Du bist süchtig! Süchtig! Süchtig!« schreit es in mir.

Mein Kopf dröhnt. Ich kann nicht anders. Die Sucht hat gewonnen. Der Alkohol fordert seinen Tribut.

Zitternd, bebend steige ich die Kellertreppe hinunter, in den Weinkeller. Ich hole eine Flasche, öffne sie mit zitternden Händen. Setze sie an die Lippen und trinke, trinke.

»Hast du durchgehalten?«

Die Frage meines Mannes am Abend habe ich erwartet. Sie mußte zwangsläufig kommen.

Was soll ich ihm sagen, habe ich mich den ganzen Tag gefragt. Ich kann ihm doch nicht sagen, daß ich jetzt wieder körperlich abhängig bin. Daß ich so gezittert habe, bis ich es nicht mehr ausgehalten habe.

Daß ich getrunken habe, weil ich glaubte, mein Körper würde sonst explodieren.

Nein, nichts werde ich ihm sagen. Ich muß es schaffen, wieder mit dem Alkohol aufzuhören. Ich muß es schaffen. Ganz alleine. Ich kann niemandem sagen, daß ich wieder trinke. Ich muß es schaffen, ich muß!

»Nein«, sage ich abends zu ihm. »Nein, ich habe nichts getrunken, ich schwöre es dir. Bitte, glaub mir doch, ich habe den ganzen Tag nichts getrunken!«

Ich sehe ihm in die Augen. Sehe seinen Zweifel.

»Bitte, hab doch wieder Vertrauen zu mir!«

Nein, er hat es nicht. Er kann es auch gar nicht haben. Habe ich ihm denn nicht schon so oft versprochen, nicht mehr zu trinken. Und jetzt?

Morgen geht es bestimmt leichter. Ich liege im Bett und versuche, mich aufzumuntern. Morgen hörst du auf zu trinken. Heute waren das noch die Nachwirkungen unseres Gesprächs vom Vorabend. Aber morgen...

Endlich schlafe ich ein.

Die Sonne sticht mir in die Augen. Benommen stehe ich auf.

»Heute schaffst du es«, sage ich mir immer wieder. Ich bin ganz stolz auf meinen Entschluß. Es geht mir besser als am Vortag.

Vor allem der Druck im Kopf hat nachgelassen.

Beinahe fröhlich richte ich das Frühstück. Aber bereits während ich das Haus aufräume, merke ich, wie das Verlangen nach Alkohol stärker wird. Die Unruhe größer. Die Hände zittern. Ich kann meine Abrechnung nicht mehr machen. Meine Schrift ist unleserlich.

Es gelingt mir nicht mehr, den Kugelschreiber ruhig in der Hand zu halten.

Die Buchstaben und Zahlen verschwimmen vor meinen Augen.

»Das gibt es doch nicht«, denke ich. »Das kann doch nicht wahr sein!

Ich kann doch nicht so schnell so abhängig geworden sein!«

Doch, es war möglich. Es ging schleichend, wie vor dem ersten Entzug. Nur schneller, viel schneller.

»Es muß einen Weg geben. Ich muß es schaffen«, denke ich. »Ich muß wegkommen von diesem verdammten Alkohol, und zwar schnell.«

Undeutlich war mir klar, daß mich der Weg sonst wieder ins Krankenhaus führen würde.

Das gleiche Spiel wie am Vortag.

Die Unruhe steigt, das Zittern der Hände wird stärker. Schweiß bricht aus allen Poren. Mir wird übel.

Schnell gehe ich in den Keller. Hole eine Flasche, entkorke sie, trinke, schnell, unkontrolliert, gierig.

Langsam wird mein Körper wieder ruhiger.

»Gut«, denke ich, »dann muß ich eben die Tagesdosis an Alkohol reduzieren, langsam die Trinkmenge verringern.«

Ich nehme mir fest vor, erst in fünf Stunden wieder einen Schoppen Wein zu trinken. Vorher nichts, keinen Schluck.

Ich halte durch.

Eine Stunde, zwei Stunden, drei Stunden.

Das Zittern beginnt. Inzwischen sind die Kinder aus der Schule nach Hause gekommen.

Nein, sie dürfen nichts merken!

Sie würden alles sofort ihrem Vater erzählen. Also schnell. Ich schenke mir einen Becher mit Wein voll. Trinke in schnellen, hastigen Zügen.

Wieder wird der Körper ruhiger.

Bald wird mein Mann nach Hause kommen. Dann darf ich nicht zittern. Also trinke ich langsam den Rest der Flasche aus. Er darf nichts merken.

Er darf doch nicht merken, daß ich nicht mehr so einfach aufhören kann mit dem Alkohol.

Jetzt geht es mir bestens. Meine Laune ist blendend. Die Arbeit bewältige ich ohne Probleme.

Der Abend verläuft ruhig.

Dennoch bleibt mir das Mißtrauen meines Mannes nicht verborgen.

Er sieht mich fragend an, aber er spricht seine Angst nicht aus. Ich bin ihm dankbar dafür. Er erspart mir, ihn anzulügen.

Ich muß es anders machen, denke ich beim Schlafengehen.

Ich muß mein Trinkverhalten ändern.

Und wieder war ein Schritt in meiner Alkoholkarriere getan.

Ich hatte das erste Mal getrunken, weil ich mußte, weil meine Sucht und mein Körper mich dazu zwangen.

Nicht mehr, weil der Wein mir schmeckte, nein, weil ich nicht mehr über meinen Körper und meinen Geist bestimmen konnte.

Ich war zur »Pegeltrinkerin« geworden.

Ab jetzt konnte ich nicht mehr anders. Ich mußte so viel Alkohol zu mir nehmen, bis ein bestimmter Alkoholspiegel erreicht war, bis das Zittern meiner Hände, die Unruhe und die Schweißausbrüche nachließen. Bis Körper und Gehirn genug hatten, um normal zu funktionieren.

Die Sucht hatte endgültig gesiegt.

Der nächste Morgen kam. Den ganzen Tag über versuchte ich, sowenig wie möglich und nur soviel wie nötig zu trinken.

Gerade immer nur dann, wenn ich bemerkte, daß mein Zittern wiederkam. Dann trank ich schnell so viel Alkohol, bis der Körper wieder ruhig wurde.

Die nächste Dosis schob ich so lange wie möglich hinaus. Nur etwa eine Stunde, bevor mein Mann nach Hause kam, trank ich eine größere Menge, damit die Hände beim Abendessen ruhig waren, damit niemand meine Unruhe bemerken konnte.

So quälte ich mich Tag um Tag, Woche um Woche.

Die Trinkmenge erhöhte sich jedoch wieder, unaufhaltsam, unmerklich, zwangsläufig.

Der Körper forderte immer mehr, immer mehr.

»Ich höre auf zu trinken«, schwor ich mir jeden Tag.

»Ich schaffe es schon noch. Ich schaffe es schon noch«, machte ich mir immer und immer wieder Mut.

Es war die Rede davon, daß mein Mann bald wieder beruflich ins Ausland fahren sollte.

»Dann höre ich auf«, dachte ich mir.

»Denn dann ist es egal, ob ich zittere, dann bemerkt er es nicht! Das ist der optimale Zeitpunkt, da schaffe ich es ganz bestimmt!«

Der Alltag hatte mich wieder.

Die Vorbereitungen für die Kommunion meines Kindes hatten begonnen und nahmen mich schon bald voll in Anspruch.

Nun hatte ich wieder allen Grund, abends rechtschaffen müde zu sein.

Daß ich meist vormittags nochmals zwei Stunden schlief, erzählte ich natürlich niemandem.

Auch daß ich inzwischen wieder die gleiche Menge wie vor dem besagten Abend damals trank, verheimlichte ich.

Ich trank wieder tagsüber Wein, manchmal, vor allem am Wochenende, auch Hochprozentiges, heimlich, hinter verschlossener Tür.

Mein Mann war beruflich sehr angespannt. Vielleicht bemerkte er deshalb meine ständige Müdigkeit nicht. Vielleicht hatte er sich auch schon daran gewöhnt.

Ebenso wie an meine allmähliche Veränderung.

Ich war nicht mehr die friedfertige, ausgeglichene, fröhliche Frau, die er gekannt hatte. In nüchternen Momenten bemerkte ich selbst meine Veränderung. Ängstlich war ich geworden, streitsüchtig, empfindlich und verschlossen.

»Ich möchte dich so gerne einmal wieder lachen sehen«, sagte er häufiger zu mir. Ein gequältes Lächeln war meine Antwort.

Vielleicht wollte er die Veränderung aber auch nicht sehen, nicht wahrhaben. Vielleicht hatte er Angst davor, mich zu fragen, ob ich wieder rückfällig geworden sei. Vielleicht hatte er Angst davor, daß ich mit »Ja« antworten würde!

Zwei volle Tage habe ich hart gearbeitet, geschuftet, eingekauft, geputzt und gekocht für das große Fest.

Heute ist er da, der große Tag, die Kommunion meines Kindes.

Der Wecker klingelt. Es ist sechs Uhr. Meine Familie schläft noch. Ich stehe auf. Es wird mir schwarz vor Augen. Mir ist übel. Die Hände zittern, Schweiß bricht aus allen Poren.

»Nein«, denke ich, »das darf doch nicht wahr sein! Doch nicht heute, doch nicht ausgerechnet heute!

Herrgott, Herrgott, wenn es dich gibt, hilf mir!

Bloß heute! Laß mich bitte, bitte, den Tag überstehen! Nicht für mich, für mein Kind! Bitte, bitte!«

Ich quäle mich die Treppe hinunter. Ich friere und zittere.

»Das ist nur die Kälte und die Erschöpfung und...«

Tausend Gründe finde ich zur Rechtfertigung meines Zustandes.

Ich kann mir doch nicht eingestehen, daß mein Körper schreit.

Daß er nach Alkohol giert, daß jede Faser meines Körpers nach Stoff lechzt.

Jetzt hilft nichts mehr. Ich kippe einen vierfachen Whisky durch die brennende Kehle. Das wirkt. Es geht mir schnell besser.

Ob es doch einen Gott gibt?

Egal! Geholfen hat es. Ich treffe die letzten Vorbereitungen. Bereite das Frühstück. Bevor ich meine Lieben wecke, trinke ich nochmals ein halbes Wasserglas voll Schnaps.

Wie sagte doch schon meine Großmutter? »Viel hilft viel!«

Jetzt geht es mir gut. Ich bin fröhlich, erleichtert.

Ich freue mich auf den Tag, auf das Fest meines Kindes.

Schnell kontrolliere ich noch meine Verstecke.

In der Küche, hinter dem Backblech, steht eine geöffnete Flasche Wein, im Kleiderschrank eines Kindes im ersten Stock, zwischen Winteranoraks und Pullovern, im Keller in der Waschküche, zwischen schmutziger Wäsche, überall sind meine Depots aufgefüllt.

Niemand darf etwas bemerken, heute schon gar nicht!

Jetzt kann ich meine Familie wecken.

Jetzt kann nichts mehr passieren. Es wird niemandem auffallen, wenn die Hausfrau mal für wenige Minuten in der Küche, im Kinderzimmer oder in der Waschküche verschwindet.

Großer Tag, ich bin bereit!

Der Tag verging mit Kirchenbesuch, Gästebegrüßung, Kochen, Essen, Unterhaltung, wieder Kirche, wieder Unterhaltung.

Viel ist getrunken worden. Bier, Wein und Sekt sind in Strömen geflossen.

»Warum trinkst du nichts?« wurde ich immer wieder gefragt.

»Du bist gut, wo ich mich doch um alles kümmern muß, damit es euch gefällt. Da brauch ich doch einen klaren Kopf«, war meine Antwort.

Niemand hat mein Verschwinden bemerkt, immer nur für ein paar Minuten. Niemand hat es gesehen, wenn ich in die Küche ging, ins Kinderzimmer, in die Waschküche. Schnell die Tür verschloß, die Flasche herausholte, gierig einige Schlucke nahm, kurz Luft holte, nochmals ansetzte und trank, schnell, gierig, viel, bis mein Körper wieder ganz ruhig war.

»Ein schönes Fest war es, toll, lustig war es«, sagten unsere Gäste, als sie gingen.

»Danke, Herrgott«, sagte ich, »danke, daß ich diesen Tag überstanden habe!«

Der Sommer kam. Ich hatte gelernt, mit meiner Sucht umzugehen.

Es war mir klargeworden, daß ich vom Alkohol nur noch durch einen kompromißlosen Entzug wegkommen konnte.

Im Herbst sollte es soweit sein. Dann, so wußte ich inzwischen, sollte mein Mann für einige Zeit nach England fahren. Und dann würde ich es wagen, den Alkohol abzusetzen.

Ich hatte mir auch fest vorgenommen, nach diesem Entzug dann wirklich nichts mehr zu trinken. Bis dahin wollte ich die Zeit so gut es ging überbrücken.

Wollte immer nur so viel trinken, daß mein Alkoholkonsum niemandem auffiel.

Zwar spürte ich immer wieder das Mißtrauen meines Partners, sah seine forschenden Blicke, merkte, daß sein Vertrauen in mich zerstört war. Doch ich konnte ihn immer wieder beruhigen. Immer hatte ich irgendwelche Ausreden parat, die mich aus verdächtigen Situationen retteten.

Alkoholiker sind Meister der Lüge!

Es gelang mir auch immer, die Flaschen so zu verstecken, daß sie nicht entdeckt wurden. Und noch gelang es mir, immer so heimlich zu trinken, daß niemand mich sah.

Ich hatte mir angewöhnt, nach dem Aufstehen ein halbes Wasserglas voll Schnaps zu trinken.

Das bewirkte, daß die Unruhe, die mich morgens beherrschte, und das Zittern meiner Hände verschwanden. Es ging mir dann meistens so gut, daß ich den Haushalt besorgen konnte.

Vormittags und nachmittags trank ich Wein, der schmeckte mir noch. Ich versuchte nur so viel zu trinken, wie der Körper brauchte, um Entzugserscheinungen nicht spürbar werden zu lassen.

Nicht so viel zu trinken, daß meine Aussprache oder meine Bewegungen den Alkoholkonsum verraten konnten.

Abends, wenn Mann und Kinder um mich waren, verschwand ich unter irgendwelchen Vorwänden zu meinen heimlichen Depots, um die für die alkoholfreie Nacht nötige Ration zu bekommen.

Ansonsten nahm ich, wenn wir längere Zeit unterwegs waren, in meiner Handtasche kleine Flaschen Whisky mit, so daß ich jederzeit und rund um die Uhr versorgt war.

Dann kam der Urlaub. Unsere Kinder waren bei Verwandten untergebracht.

Mein Mann und ich hatten beschlossen, einige Tage ins Elsaß zu fahren, die Kinder auf dem Rückweg abzuholen und mit nach Hause zu nehmen.

Damit begann das Problem. Wie sollte ich jetzt Tag und Nacht mit meinem Mann zusammen sein, ohne daß er meinen Rückfall bemerkte?

Es gab also keine Möglichkeit, alleine Nachschub einzukaufen oder irgendwo hinzugehen, um etwas Alkoholisches zu trinken. Folglich mußte ich mir meinen Stoff mitnehmen.

Aber wie?

Wein kam natürlich nicht in Frage, denn wo sollte ich die vielen Flaschen (Vorrat für vier Tage!) verstecken?

Na ja, dachte ich. Wenn ich nun eine große Flasche Whisky mitnehmen würde, müßte das doch reichen. Und irgendwo würde sich sicher die Gelegenheit finden, jeweils meine kleine Handtaschenflasche aufzufüllen.

Ich kaufte mir eine Literflasche billigen Whisky und

versteckte sie in einem kleinen Koffer, in den ich nur meine Sachen packen wollte.

Nur mit Mühe und Not und Tausenden von Ausflüchten gelang es mir, meinen Mann davon zu überzeugen, doch lieber zwei kleine Koffer mitzunehmen als einen großen.

Einen kleinen Koffer für ihn, einen für mich.

Es gelang mir, ohne daß mein Partner Verdacht schöpfte!

Also konnte es losgehen. Ich trank noch ausgiebig Whisky aus meinem Küchenversteck und hatte zusätzlich noch meinen »Flachmann« gefüllt und tief in meiner Handtasche verborgen. Wir fuhren los.

Es war eine herrliche Fahrt. Das Wetter verwöhnte uns. Unsere Stimmung war blendend. Ich verspürte weder Unruhe noch dieses flaue Gefühl im Magen. Meine Hände waren ruhig. Ich genoß die Abwechslung.

Unterwegs bat ich meinen Mann, an einer Raststätte anzuhalten.

Auf der Toilette nahm ich dann einen tiefen Schluck aus der kleinen Flasche. Ich versuchte in mich hineinzuhören.

»Nein«, dachte ich mir, »eigentlich hättest du jetzt gar keinen Alkohol gebraucht. Vielleicht brauchst du auch während der Fahrt gar nicht viel und nicht oft Alkohol, dann wird es schon gehen, ohne daß er etwas bemerkt!«

Und ich beschloß, wirklich nur dann zu trinken, wenn ich eine Veränderung, seien es Zittern oder Unruhe, bemerken würde.

So führte uns die Fahrt nach Straßburg.

Wir besichtigten die reizvolle Altstadt. Es war wie im Traum. So gut hatte ich mich schon lange nicht mehr gefühlt.

Wir gingen in ein schönes Restaurant zum Essen.

»Macht es dir etwas aus, wenn ich Wein zum Essen trinke?« fragte mich mein Mann.

»Nein«, sagte ich, »ganz bestimmt nicht!«

Es war ein sehr gutes elsässisches Essen. Danach ging ich zur Toilette. Eigentlich wollte ich gar nichts trinken. Ich fühlte mich so gut, daß mein Körper gar nichts verlangt hatte.

Aber ich hatte Angst. Angst davor, daß irgendwann wieder das Zittern käme, daß mein Mann es bemerken würde.

Und ich wollte alles tun, um das gerade jetzt zu verhindern.

Wir besichtigten noch das Münster und ein Museum und suchten uns dann ein Quartier für die Nacht. Wir waren sehr glücklich an diesem Abend.

Mein Mann wohl, weil seine Zweifel darüber, ob ich doch wieder trinke, zerstreut waren. Und ich, weil ich nicht mal eine kleine Flasche Alkohol gebraucht hatte.

Am nächsten Morgen erwachte ich. So ausgeruht und gut hatte ich mich schon lange nicht mehr gefühlt, obwohl ich am Vortag sowenig Alkohol getrunken hatte. Sollte meine Abhängigkeit nur eingebildet gewesen sein? Sollten mir am Ende doch nur meine Nerven einen Streich gespielt haben? Nicht einmal meine Hände zitterten.

Trotzdem bat ich meinen Mann, doch unten an der Straße von der Telefonzelle aus unsere Kinder anzurufen und sie zu fragen, wie es ihnen geht.

»Ja, mach ich«, sagte er. »Tschüs, bis gleich!«

Ich wollte tatsächlich erfahren, wie es unseren Kindern ging. Aber wichtiger war mir, daß ich jetzt in Ruhe meine kleine Vorratsflasche nachfüllen konnte.

»Sicher ist sicher«, dachte ich mir, »nicht daß das Zittern doch noch kommt!«

Nur aus dieser Angst heraus setzte ich die kleine Flasche an den Mund und trank den Rest aus.

Dann nahm ich schnell die große Flasche aus meinem Koffer und goß die kleine wieder voll.

So, schnell die große Flasche zwischen meine Pullover in einen Ärmel geschoben und zugedeckt mit Handtüchern.

Dann die kleine Flasche zurück in die Handtasche. Schal darüber.

Und jetzt noch schnell ein Pfefferminzbonbon im Mund zerbissen und die Fenster weit auf.

»Jetzt kann mir heute nichts mehr passieren«, sagte ich zu mir.

»Na, was machst du denn? Frierst du nicht bei geöffnetem Fenster? Den Kindern geht es gut! Viele Grüße von ihnen!«

Mein Mann strahlt mich an. Gut sieht er heute aus. Schon richtig erholt. Sorgenfrei! Hand in Hand gehen wir hinunter in den Frühstücksraum. Ich freute mich auf den Tag!

Wir sind quer durch das Elsaß gefahren. Es war wunderschön. Kleine Städte haben wir besichtigt, durch Weinberge sind wir gelaufen. Und in einer kleinen Stadt aßen wir in einem hübschen kleinen, gemütlichen Lokal zu Mittag. Mein Mann trank Wein, ich Wasser.

Langsam spürte ich wieder Unruhe in mir aufsteigen.

»Ich gehe noch schnell zur Toilette«, sagte ich.

Halt, beinahe hätte ich vergessen, meine Handtasche mitzunehmen.

Schnell schloß ich mich ein und trank gierig die halbe Flasche leer.

Ich wartete ein wenig, bis die Wirkung des Alkohols spürbar wurde.

Schon wurde ich wieder ruhiger. Ich nahm noch schnell ein Bonbon, dann war alles wieder in Ordnung. Es konnte weitergehen.

Am Abend quartierten wir uns in einem hübschen kleinen Hotel ein. Umgeben von Weinbergen, vor unserem Fenster die untergehende Sonne. Es war ein schöner Tag. Aber plötzlich beschlich mich ein Angstgefühl. Ob das gutgeht? Was mache ich, wenn mir der Stoff ausgeht? fragte ich mich.

»Ich gehe duschen«, sage ich, nehme meinen Koffer und meine Handtasche mit ins Badezimmer und schließe mich ein.

»Wozu brauchst du im Bad einen Koffer?«

Die Frage meines Mannes habe ich erwartet.

»Ich habe da etwas Frisches zum Anziehen drin, und in der Handtasche habe ich meine Kosmetika«, antworte ich ihm.

Ob er das glaubt? Ich drehe den Wasserhahn an der Dusche auf, daß die Geräusche draußen nicht gehört werden können.

Schnell trinke ich die kleine Flasche leer, öffne die große, fülle die kleine Flasche wieder auf. Zuschrauben, verstecken, Bonbon, fertig. Jetzt kann ich duschen.

»Daß du den Koffer mitgenommen hast, wundert mich schon sehr!«

Mein Mann schaut mich voller Mißtrauen an.

»Was soll das«, gifte ich ihn an, »willst du ihn untersuchen, ob ich eine Flasche drin versteckt habe?«

»Nein, nein, ist ja schon gut! Entschuldige! Aber ich habe halt Angst um dich!«

Versöhnlich lege ich meine Arme um seinen Hals, küsse ihn auf die Wange.

»In Ordnung«, sage ich, »laß es uns vergessen!« Mir fällt ein Stein vom Herzen!

Was wäre gewesen, wenn er tatsächlich nachgeschaut hätte? Ich durfte gar nicht daran denken!

Der nächste Tag sollte unser letzter Tag im Elsaß sein. Morgens trank ich noch schnell auf der Toilette die halbe Flasche leer, bevor wir zum Frühstück gingen.

Danach wanderten wir durch die Gegend. Der Wettergott war uns gnädig. Es war traumhaft schön.

Mittags gingen wir wieder in ein kleines Restaurant.

Wieder das gleiche Spiel. Mein Mann trank Wein, ich Wasser.

Ich ging wieder zur Toilette. Wieder trank ich die Flasche leer. Angst stieg in mir hoch.

»Der Stoff reicht nicht, bis wir zu Hause sind! Ich muß noch irgendwo eine Flasche als Reserve kaufen!«

Ich überlegte und überlegte. Dann kam mir endlich eine Idee.

»Weißt du was«, sagte ich zu meinem Mann, »wir gehen noch zu einem Winzer, da können wir noch ein paar Flaschen Wein als Mitbringsel für die Verwandten kaufen, dann kommen wir nicht mit leeren Händen an!«

»Gut, das machen wir!« Mein Mann war einverstanden.

Wir gingen zu einem Winzer. Der führte uns sofort in die Probierstube. Und schneller, als wir schauen konnten, hatte jeder von uns ein Glas Wein in der Hand.

»Probieren Sie«, sagte der Winzer, »das ist unser bester!«

»Ich trinke keinen Alkohol«, sagte ich.

»Aber warum denn nicht?« fragte er. »Der ist doch gut fürs Herz!«

»Nein, danke, wirklich nicht!«

Mein Mann kaufte einen Karton Wein und trug ihn zum Auto.

»Komm«, sagte er, »wir fahren weiter!«

»Warte noch, ich komme gleich nach«, rief ich ihm zu und lief schnell zum Winzer zurück.

»Sagen Sie, haben Sie auch Schnaps?« fragte ich.

»Ja«, sagte er verwundert, »Kirschwasser!«

»Gut, geben Sie mir eine Flasche und packen Sie die gut ein, es soll für meinen Mann zum Geburtstag sein«, erklärte ich ihm.

Er packte die Flasche ein, wickelte sie dick in eine Zeitung und steckte sie in eine Plastiktüte.

»So, jetzt sieht er sie nicht mehr«, sagte er.

»Danke, auf Wiedersehen!«

Ich ging zum Auto.

»Was hast du denn da noch gemacht?«

Mein Mann hatte schon wieder dieses Mißtrauen in seinen Augen.

»Ich habe noch etwas für dich zum Geburtstag gekauft«, sagte ich. Gott sei Dank, dachte ich, der Nachschub ist gesichert. Jetzt kann nichts mehr passieren.

Wir gingen früh schlafen. Das viele Herumlaufen hatte uns müde gemacht. Am nächsten Morgen zitterte ich, als ich erwachte. Ich hatte lange und gut geschlafen. Schnell nahm ich meine Handtasche, schloß mich ins Badezimmer ein. Ich nahm die Flasche und trank sie bis zur Hälfte aus. Dann ging ich ins Schlafzimmer zurück, weckte meinen Mann und bat ihn, doch nochmals die Kinder anzurufen.

Er wusch sich, zog sich an und ging zum Telefon in der Empfangshalle.

Währenddessen füllte ich noch einmal die kleine Flasche auf. Die große war nun leer.

»Wohin damit?« überlegte ich, »sie erhöht doch nur die Gefahr, von meinem Mann entdeckt zu werden.«

Ich sah zum Bett hinüber.

»Genau«, sagte ich laut, »die lege ich einfach unter das Bett. Bis das Zimmermädchen kommt, sind wir schon lange abgereist!«

Gesagt, getan. Jetzt fühlte ich mich sicherer. Meine Vorratsflasche in der Handtasche war gut gefüllt, die große Flasche war ich los. Und wenn mein Mann das Kirschwasser gefunden hätte, wäre es nicht schlimm gewesen, denn davon wußte er schließlich.

Also noch schnell ein Bonbon, Fenster auf, fertig.

Es klopfte an der Tür.

»Moment!« sagte ich.

Mein Mann stand draußen.

»Warum schließt du denn ab?« fragte er.

»Ich will doch nicht, daß jemand Fremder hereinkommt«, sagte ich.

»Du gewöhnst dir vielleicht Sitten an«, brummte er.

Nach dem Frühstück fuhren wir ab.

»Bloß gut, daß er nicht unter das Bett geschaut hat«, fiel mir plötzlich siedendheiß ein!

Es war trotz allem eine wunderschöne Reise.

Wir fuhren zu unseren Verwandten, um die Kinder abzuholen. Dort gab es ein freudiges Hallo, wir hatten Onkel und Tante schon länger nicht mehr gesehen. Den Kindern hatte es prima gefallen, wie immer.

Wir wollten diesen Tag noch hier verbringen, übernachten und am nächsten Tag nach Hause fahren.

Die Tante zeigte uns das Zimmer, wo mein Mann und ich übernachten sollten. Wir schlossen die Tür hinter uns und zogen frische Kleidung an. Mein Mann war schneller fertig als ich.

»Soll ich noch auf dich warten?« fragte er.

»Nein, nein, geh nur, ich möchte mich noch frisch machen«, antwortete ich.

Kaum war er draußen, schob ich den Koffer vor die Tür, damit niemand herein konnte.

Dann holte ich die kleine Flasche aus dem Versteck und trank sie zur Hälfte leer.

So, das reichte für die nächsten Stunden.

Nachmittags gingen wir alle spazieren. Wir hatten uns viel zu erzählen. Die Zeit verging wie im Flug.

»Wie geht es mit dem Alkohol?« fragte der Onkel. Er ist einer der wenigen, die von meiner Krankheit wissen.

»Danke, danke, gut, ja doch, ich habe keine Probleme mehr«, stotterte ich und spürte, wie ich rot wurde.

»Na, das ist ja prima! Ich habe extra für dich eine Flasche alkoholfreien Wein besorgt. War gar nicht so leicht«, sagte er stolz.

Nach dem Abendessen ging ich hinunter in unser Schlafzimmer.

»Ich ziehe mich nur bequemer an«, sagte ich.

Ich schloß die Tür hinter mir und wiederholte mein verhaßtes Spiel: kleine Flasche an den Mund und ausgetrunken.

Jetzt war es soweit. Mein Vorrat war zu Ende, ich mußte die schöne Flasche Kirschwasser öffnen. Aber wie?

Not macht bekanntlich erfinderisch!

Ich nahm einen Brieföffner vom Schreibtisch und drückte den Korken nach innen in die Flasche.

»Pflop«, machte es, und Kirschwasser spritzte auf den Teppichboden.

Ich hörte Schritte. Mein Herz blieb stehen.

»Ich komme gleich«, rief ich laut.

»Soll ich auf dich warten, Tante?« hörte ich meine kleine Cousine.

»Nein, nein, geh nur voraus, ich komme gleich!«

Meine Hände zittern vor Aufregung. Schnell fülle ich die kleine Flasche nach, verkorke die große und verstecke beide.

Nun noch ein Bonbon, Fenster weit auf.

Mein Gott, hoffentlich riecht niemand den Schnaps, denke ich.

»Ich wasche nur noch meine Hände, Simone«, rief ich.

»Komm, machen wir ein Spiel zusammen!«

Die Kleine war begeistert.

Als wir später nach oben gingen, stand mein Mann an der Treppe.

»Wo warst du denn so lange?« fragte er mißtrauisch.

»Ich habe doch nur mit Simone gespielt«, antwortete ich.

Oben haben sie schon auf mich gewartet. Auf dem Tisch standen zwei Flaschen Wein. Eine für die anderen, eine für mich (alkoholfrei).

Ich probierte einen kleinen Schluck.

»Mhm, schmeckt ganz gut, beinahe wie richtiger!«

Mein Onkel strahlt.

»Da bin ich auch weit gefahren, um den zu bekommen«, sagt er.

Ich trank im Laufe des Abends die ganze Flasche leer. Glas für Glas gewöhnte ich mich an den Geschmack.

Natürlich gibt es auch keinen wirklich alkoholfreien Wein. Auch hier ist immer ein Rest Alkohol enthalten. Das weiß ich heute, damals wußte ich es nicht. Aber was hätte das auch geändert?

Nachdem ich am nächsten Morgen nochmals meinen Körper mit Alkohol versorgt und meine »Handtaschenflasche« aufgefüllt hatte, frühstückten wir noch gemeinsam. Anschließend fuhren wir dann mit unseren Kindern nach Hause.

Daheim angekommen, verzogen sich alle Familienmitglieder erschöpft in ihre Zimmer.

Ich ging in die Küche, schloß die Türe, lief zu meinem Versteck.

Ich holte die Weinflasche heraus, schenkte mir ein Wasserglas voll ein und trank es langsam und genüßlich aus. Damals schmeckte mir der Wein noch.

»Und morgen kaufe ich ein neues Kirschwasser, damit ich meinem Mann eine Flasche zum Geburtstag schenken kann«, nahm ich mir vor.

»Also, dann tschüs, und gute Fahrt!«

Zärtlich verabschiede ich meinen Mann.

»Tschüs, mach's gut«, sagt er. »Kann ich mich auf dich verlassen?« fragt er ängstlich.

»Ja, ja, ich versprech es dir!«

Er ist gefahren. Für acht Tage nach England. Jetzt ist sie da! Meine Chance, auf die ich so lange gewartet habe.

Jetzt höre ich auf. Und wenn meine Hände morgen zittern, dann macht das nichts. Vor den Kindern werde ich das schon verbergen können.

Am Morgen hatte ich noch ein letztes Mal ein halbes Glas Whisky getrunken. Und jetzt ist Schluß.

In den letzten Wochen hatte ich wieder mindestens so viel wie vor unserem Kurzurlaub getrunken. Wahrscheinlich mehr!

Ich hatte wieder vormittags geschlafen. Der Haushalt war vernachlässigt. Alles wie gehabt.

Gemerkt hat niemand etwas. Zumindest weiß ich nichts davon.

Aber jetzt wird alles anders. Jetzt wird alles wieder gut!

Am Vormittag, die Kinder sind in der Schule, fahre ich in die Stadt. Ich werde mich ablenken, dann geht es bestimmt ganz leicht. Ich trinke ganz einfach keinen Tropfen Alkohol.

Ich finde einen hübschen Pullover, er paßt gut zu meinen grünen Augen.

Stolz fahre ich nach Hause.

Gehe von einem Raum zum anderen, von Versteck zu Versteck und hole alle angebrochenen Wein- und Schnapsflaschen hervor.

Ich bringe sie in die Küche, entkorke sie.

Verlangen überfällt mich.

»Ein Glas noch, nur noch eines, wenigstens einen winzigen Schluck«, bettelt es in mir.

»Nein«, sage ich laut. »Nie wieder, keinen Tropfen!«

Ich leere die Flaschen ins Waschbecken. Dann werfe ich sie in die Tonne.

Aus, aus und vorbei!

Mittags koche ich für die Kinder und mich. Es geht mir noch immer gut. Der Nachmittag kommt. Leichte Unruhe macht sich in mir breit. Meine Hände werden unsicher.

»Macht nichts«, tröste ich mich. »Das geht vorbei!«

Die Kinder machen Schularbeiten. Ungeduldig frage ich Vokabeln ab, kontrolliere Rechenaufgaben.

Der Abend kommt. Ich stelle den Kindern ihr Abendbrot hin.

Selbst kann ich nichts mehr essen. Mein Magen rebelliert. Die Hände sind schweißnaß, sie zittern.

»Mama, was ist mit dir? Du bist so blaß«, sagt mein Kind zu mir.

»Ich weiß es nicht, ich fühle mich heute nicht besonders, wahrscheinlich gehe ich heute abend auch bald schlafen!«

Ich schaue fern, versuche zu lesen.

Es geht nicht, die Buchstaben verschwimmen vor meinen Augen.

Ich laufe von einem Zimmer zum anderen. Mein Körper beginnt zu beben.

»Nein«, sage ich mir immer und immer wieder laut vor:

»Nein, du gehst nicht in den Keller. Du holst keinen Wein herauf. Du mußt durchhalten. Du mußt! Diese Chance hast du lange nicht mehr. Ruhig. Durchhalten. Morgen ist es besser, bestimmt. Ruhig!«

Ich rede mit mir. Leise, dann lauter.

»Kinder, geht ins Bett, schlaft euch einmal wieder richtig aus, ich komme auch bald nach«, sage ich.

Mürrisch folgen sie. Ich will nicht, daß sie mich noch länger so sehen.

Ich laufe im Wohnzimmer herum wie ein gefangener Löwe.

Gefangen, ja, ich bin gefangen in dieser Sucht. So deutlich habe ich es noch nie gespürt!

Die Sucht hat mich gefangen. Aber jetzt nicht mehr. Jetzt will ich siegen!

Jetzt will ich gewinnen im Kampf um meinen Körper. Im Kampf um meinen Geist. Mir wird übel. Ich muß mich übergeben. Schweißnaß lege ich mich auf die Couch. Meine Hände flattern auf der Decke. Ich hole ein Schlafmittel aus dem Apothekenschrank. Ich nehme zwei Tabletten. Versuche Wasser zu trinken. Ich würge. Nicht schon wieder!

Mühsam schleppe ich mich die Treppe hinauf ins Schlafzimmer. Ich lege mich hin, versuche zu schlafen. Die Unruhe verstärkt sich und auch die Angst.

»Es wird doch nichts passieren?« denke ich.

»Hoffentlich kommt kein Delirium tremens. Alles, nur bitte das nicht!«

»Das Zittern kann ich aushalten, das Würgen und das Schwitzen, aber bitte kein Delirium. Nur das nicht!«

»Und wenn doch, was passiert dann? Die Kinder! Ich bin doch allein mit den Kindern«, denke ich.

»Ich muß das anders machen«, sage ich laut.

»Ich hole eine Flasche Wein aus dem Keller und stelle sie offen neben mein Bett. Wenn es dann zu schlimm wird, dann kann ich immer noch trinken.«

Ich wanke die Treppe hinunter, hole eine Flasche. Dann versuche ich, sie mit fliegenden Händen zu öffnen.

»Aber ich trinke nichts«, sage ich zu mir. »Ich trinke keinen Tropfen. Ich will es schaffen. Ich muß!«

Mühsam ziehe ich mich am Geländer nach oben, lege mich wieder hin. Schüttelfrost wirft mich im Bett hin und her. Mein Bett ist schweißnaß.

Die Schlaftabletten zeigen langsam ihre Wirkung.

Ich erwache. Mir ist so seltsam. Meine Augen sind geschlossen, und doch sehe ich etwas.

Wie in einem Film. Lauter kleine Bilder. Mein Gehirn ist hellwach.

Ich weiß, heute ist Dienstag, mein Mann ist in England, meine Kinder schlafen noch. Ich mache gerade einen Alkoholentzug.

Ich drehe den Kopf zur Seite und schaue auf die Uhr. 2.30 Uhr. Ich spüre die Feuchtigkeit auf meinem Körper. Fühle das feine Beben, das Flattern meiner Hände.

Meine Augen sind geöffnet. Ich sage laut Zahlen auf:

»Eins, zwei, drei, vier, fünf...«

Aber meine Augen! Vor meinen Augen läuft ein Film ab. Es sieht aus wie ein »Kintopp-Film«, Figuren, Monster, Tiere, Menschen laufen vor meinen Augen.

»Stop«, schreie ich, »stop!«

Ich spinne doch nicht! Ich bin doch voll bei Bewußtsein. Das gibt es doch nicht!

Ich öffne die Augen, schließe sie, öffne sie.

Der Film ist da, er hört nicht auf.

Ich habe Angst, eine Wahnsinnsangst. Ich glaube, verrückt zu werden. Oder bin ich's schon?

Mein Gott, laß es nicht zu! Ich bin doch alleine mit den Kindern! Das darf nicht sein! Laß es nicht zu!

»Vater unser im Himmel...«

Ich bete, ich fluche, ich versuche zu singen. Ich will mich entspannen.

»Hör auf, du Film! Hör auf!«

Ich versuche aufzustehen, falle zurück. Der Film hört nicht auf!

Menschen, Tiere, Monster, alles durcheinander, Situationen, Fratzen, alles läuft ab wie gespult.

Ich muß trinken, schnell, ich brauche Alkohol!

Die Flasche! Ich setze sie zitternd an den Mund, würge,

erbreche mich im Bett. Ich muß trinken, trinken, trinken...

Mit letzter Willenskraft zwinge ich den Wein in mich hinein. Weiter, weiter, mehr, noch mehr! Ich würge, schlucke, würge, schlucke.

Noch immer der Film! Ich schließe die Augen, öffne sie. Er ist immer noch da.

»Herrgott, erlöse mich, erlöse mich, bitte, bitte!«

Es wird schwarz um mich.

Der Wecker klingelt. Benommen sehe ich auf die Uhr. 6.30 Uhr.

Zeit, aufzustehen. Schlagartig kommen die Ereignisse der Nacht zurück. Was war das? Ein Delirium. Natürlich, ein Delirium tremens nach Alkoholentzug.

Um Gottes willen! So weit bin ich also schon wieder!

Ich hebe die Flasche vom Boden auf. Sie war umgekippt. Ich trinke den Rest aus. Meine Hände zittern. Sie sind schneeweiß.

Wenigstens ist der Film zu Ende! Ich kann wieder klar sehen. Mir ist noch übel, der Körper schweißgebadet, zu Tode erschöpft.

Langsam ziehe ich mich am Bett hoch. Mühsam schlüpfe ich in meinen Morgenmantel. Ich muß in den Keller, ich muß meinem Körper nochmals Alkohol geben, damit das Zittern wenigstens so weit aufhört, daß ich den Kindern ihr Frühstück machen kann.

Also schleppe ich mich hinunter, öffne eine Flasche und trinke, trinke, trinke...

Langsam leere ich die Flasche zur Hälfte. Ich sitze auf einem Stuhl, im Morgenrock, im kalten Keller, die Flasche in der Hand.

Ich spüre, wie der Blutalkoholspiegel steigt, meine Nerven sich beruhigen, meine Gedanken klarer werden.

»Und jetzt?« frage ich mich, »wie soll es jetzt weitergehen?«

Mir wird klar, daß ich alleine, ohne ärztliche Hilfe keinen weiteren plötzlichen Entzug mehr verantworten kann. Und heute schon gar nicht, nach dieser Nacht. Heute muß ich meinem Körper geben, was er verlangt.

Vielleicht geht es morgen besser, ich mache es dann anders, schonender. Ich werde die Trinkmenge verringern, systematisch jeden Tag weniger trinken. Dann wird mein Körper mit dem Entzug sicher besser fertig.

Es geht mir wieder so gut, daß ich hinauf in die Küche gehen kann, das Frühstück zubereiten, die Kinder wecken.

Vormittags gehe ich einkaufen. Milch, Brot, Wurst, Mehl und natürlich Whisky. Denn ich brauche konzentrierten Alkohol, auf den der Körper schneller reagiert. So wie in der letzten Nacht darf es mir nicht mehr ergehen.

Alles geht heute sehr langsam, ist sehr anstrengend für meinen gequälten Körper.

Zu Hause stehe ich in der Küche. Mein Blick verirrt sich zu dem Kruzifix in der Ecke. Und jetzt erst kommt mir die ganze Tragweite des Geschehens zu Bewußtsein.

»Herrgott«, schreie ich, »hilf mir doch. Hilf mir doch! Warum läßt du mich so leiden? Ich hab doch niemandem etwas getan! Hilf mir doch, daß ich aufhören kann mit dem Alkohol, ich will doch nicht mehr trinken! Laß mich doch nicht so alleine mit meiner Angst und meiner Verzweiflung! Wenn es dich wirklich gibt, dann hilf mir doch, daß ich wenigstens einen Tag lang wieder nüchtern bin! Wenigstens einen einzigen Tag mal nicht an Alkohol denken muß, einmal wieder nichts trinken muß!«

Es klingelt an der Haustür. Schnell wasche ich meine Tränen ab, trinke nochmals viel und lange aus der Schnapsflasche und öffne die Tür. »Hallo, Kinder!«

An diesem Abend habe ich erstmals seit langem so viel getrunken, daß ich meine Benommenheit, meine langsamen, unkontrollierten Bewegungen nicht mehr spürte, ich war betrunken.

Früh ging ich mit dem festen Vorsatz zu Bett, morgen sowenig wie möglich, übermorgen noch weniger... zu trinken.

Es fiel mir nicht leicht, denn der Körper schrie nach mehr, aber es gelang mir trotzdem, meine Trinkmenge innerhalb von drei Tagen drastisch bis auf einen Rest von einem halben Liter Wein zu reduzieren.

An jenem Abend aber spürte ich wieder diese unheimliche Angst in mir, spürte, wie Schweiß, Zittern und Unruhe mich wieder überwältigten. Ich versuchte durchzuhalten.

Mein Kopf dröhnte, ich spürte schmerzhafte Stiche in meinem Gehirn.

Und wieder verschleierte sich mein Blick, ich sah alles wie durch dichten Nebel. Ich spürte, wie mein Körper anfing zu schwanken.

Die Stimmen meiner Kinder wurden undeutlich.

»Schnell«, dachte ich, »ich muß schnell trinken!«

Meine Angst vor einem neuerlichen Delirium wurde riesengroß. Ich ging in die Küche und trank ein halbes Wasserglas voll Schnaps. Während ich auf die Wirkung wartete, wurde mir meine Niederlage klar und immer bewußter.

Beinahe hatte ich es geschafft, vom Alkohol wegzukommen, aber eben nur beinahe.

Ich hatte den Kampf gegen die Sucht verloren. Mir wurde schmerzhaft bewußt, daß es mir nicht mehr möglich war, den Entzug alleine, ohne fachliche Hilfe zu schaffen.

Meine Verzweiflung über die Unfähigkeit, meine Wut über mein Versagen wurden grenzenlos.

Alles in mir brach zusammen. Meine ganze Hoffnung, meine ganze Kraft, die mich veranlaßten, immer und immer wieder den Kampf gegen das Gift aufzunehmen, schwanden von Glas zu Glas.

Ich war am Ende. Eine Frau in den »besten Jahren«, gefangen in der Sucht, unfähig, gegen sie zu gewinnen, eine Außenseiterin, ein Abschaum in unserer trinkfreudigen Gesellschaft.

Von diesem Zeitpunkt an hatte ich den Kampf aufgegeben. Ich hatte verloren, und ich habe diese Niederlage akzeptiert. Ich brachte weder den Willen noch die Kraft auf, mich nochmals gegen die Sucht zu stemmen.

Was blieb, war der Vorsatz, nur noch sowenig wie möglich und soviel wie nötig zu trinken, um nochmalige Entzugserscheinungen zu vermeiden. Niemand sollte mich betrunken sehen, niemand sollte merken, was mit mir los war.

Keiner durfte mich je mit der Flasche in der Hand erwischen. Es war mir ungeheuer peinlich, daß ich nicht stark genug war, gegen den Alkohol zu kämpfen. Mein Stolz war noch vorhanden. Der Stolz, der es mir durch beinahe übermenschliche Anstrengungen ermöglichte, niemanden entdecken zu lassen, daß ich dem Alkohol hoffnungslos ausgeliefert war.

Langsam, stetig, unmerklich ging mein Weg dem Abgrund entgegen. Ich bekämpfte mein morgendliches Zittern mit Schnaps, den ich, von den anderen unbeobachtet, noch vor dem Frühstück trank. Während des Tages trank ich immer dann, wenn ich auch nur die kleinste Unruhe in mir spürte. Der Weinkonsum verringerte sich, der Schnapskonsum stieg.

Denn inzwischen war es wichtig geworden, starke, schnellwirkende Alkoholika zu trinken, um meinen Körper zufriedenzustellen. Jetzt trank ich nicht mehr, weil mir Wein oder Schnaps schmeckten, sondern ausschließlich, um meine Probleme vor den anderen zu verbergen. Ich hätte zu diesem Zeitpunkt weiß Gott alles gegeben, wenn ich nur einen Tag lang keinen Alkohol hätte trinken müssen!

Auf Wein oder ähnliches reagierte mein Körper kaum mehr. Ich versuchte, Arbeit und Kindererziehung so gut wie möglich zu erledigen, was mir aber nur noch teilweise gelang. Die abendliche Müdigkeit bekämpfte ich, so gut es nur ging, durch ausgiebigen Schlaf am Vormittag. Es wurde immer schwieriger, meine Sucht zu verheimlichen.

Der Herbst kam. Mein Zahnarztbesuch war überfällig geworden. Seit einer Woche hatte ich fürchterliche Zahnschmerzen. Aber soviel Schmerztabletten ich auch nahm, die Schmerzen waren kaum noch auszuhalten. Ich wurde von den Medikamenten nur noch benommener.

»Nein«, sagt der Zahnarzt, »der Zahn muß raus. Er sitzt auf einem Eiterbett! Mit dem werden Sie nicht mehr froh! Sind Sie einverstanden, daß wir den Zahn ziehen?« Fragend sieht er mich an.

»Na gut«, sage ich, »so schlimm wird es schon nicht werden!«

Der Arzt gibt mir eine Betäubungsspritze.

»Warten Sie bitte im Wartezimmer, bis die Spritze wirkt, und kommen Sie dann zu mir«, sagt er.

Ich sitze und warte, daß sich irgend etwas in meinem Mund verändert.

Zehn Minuten, zwanzig, dreißig…

»Ich spüre nichts«, erkläre ich der Sprechstundenhilfe.

»Dann muß der Arzt nachspritzen, vielleicht war die Dosis zu gering«, sagt sie.

Der Doktor setzt die Spritze nochmals an, spritzt nochmals Betäubungsmittel ins Zahnfleisch.

»Wir probieren es mal«, sagt er.

Er nimmt die Zange, setzt sie am Backenzahn an und beginnt, sie hin und her zu bewegen.

»Au«, schreie ich, »das tut so weh!«

»Das gibt es doch nicht«, sagt er. Wieder spritzt er nach, wartet zwei Minuten, probiert es erneut.

»Au, ich halte das nicht aus«, schreie ich.

»So etwas habe ich noch nie erlebt! Ich spritze jetzt noch eine geringe Menge, mehr darf ich Ihnen nicht geben!«

Er ruft nach den beiden Arzthelferinnen.

»Halten Sie Frau Werner fest. Ich muß jetzt reißen!«

Ich werde festgehalten. Er setzt die Zange an, ein höllischer Schmerz durchfährt meinen Kopf. Er reißt und reißt. Ich winde mich unter seiner Hand. Möchte brüllen vor Schmerz. Mir wird schwarz vor Augen…

»Da«, sagt der Arzt stolz. »Jetzt haben wir den Übeltäter. Das war ja ein Riesenzahn!« Er hält ihn mir vor die Augen.

»Aber ich verstehe nicht, daß die Spritze bei Ihnen nicht richtig gewirkt hat! Haben Sie sonst auch Probleme mit Schmerzmitteln?«

»Nein, nein«, flüstere ich und halte meine Wange.

»Bleiben Sie noch liegen, bis es Ihnen wieder besser geht«, verabschiedet er sich.

Daß mein Körper durch den regelmäßigen Alkoholmißbrauch nur mehr ganz schwach auf Schmerzmittel reagiert, wußte ich zu dem Zeitpunkt noch nicht.

Daß es lebensgefährlich für mich hätte werden können, wußte ich damals ebenfalls nicht. Ich wußte nur, daß ich jetzt sofort nach Hause gehen und einen fünffachen Whisky zur Betäubung trinken würde!

Daß ich an diesem Abend sehr früh sehr müde war, entschuldigte ich mit der Arznei.

Mit der Zeit konnte ich das morgendliche Zittern trotz des Alkoholkonsums kaum noch verbergen.

So gewöhnte ich mir an, nicht mehr mit meiner Familie zu frühstücken. Ich entschuldigte mich immer damit, schon gegessen zu haben. Sorgfältig verteilte ich immer irgendwelche Brösel auf meinem Teller, um den Anschein einer vertilgten Mahlzeit zu erwecken.

Auch meine Tasse war immer mit einem Schluck Tee gefüllt. In Wirklichkeit hätte ich weder einen Bissen essen noch einen Schluck Nichtalkoholisches trinken können.

Die Dosis Alkohol am Morgen auf nüchternen Magen wurde immer größer. Der Körper verlangte immer mehr.

An einem Dienstag sollte ich mich mit meiner Mutter vormittags in der Stadt treffen. Es ging mir besonders schlecht an diesem Tag. Ich konnte meine zitternden Hände nicht unter Kontrolle bringen.

»Komm, gehen wir einen Kaffee trinken, du bist ja ganz blaß, das tut dir sicher gut«, sagte meine Mutter.

Wir gingen in ein nahes Café.

»Ich trinke lieber Saft«, sagte ich zu ihr. »Mein Kreislauf ist nicht in Ordnung.«

Willig schloß sie sich meinen Wünschen an.

Die Kellnerin brachte zwei Säfte, öffnete die Flaschen, schenkte ein.

»Also dann«, sagte meine Mutter, »auf dein Wohl!«

Ich versuchte das Glas hochzunehmen. Sofort verschüttete ich Saft auf das Tischtuch.

»Was ist denn mit dir?« Fragend schaute meine Mutter zuerst auf meine Hände, dann auf mein Gesicht.

»Hast du Probleme?« fragte sie mißtrauisch.

»Nein, nein, das wird schon wieder. Das kommt vom plötzlichen Wetterumschwung!«

Schweiß trat auf meine Stirn.

»Warte einen Moment, ich muß nur zur Toilette!«

Unsicher ging ich leicht schwankend hinaus.

Ich verschloß die Tür und holte aus meiner Handtasche den »Flachmann«. Gierig trank ich die Flasche leer, lehnte mich an die Wand und wartete, bis die Unruhe in meinem Körper nachließ.

Dann ging ich an den Tisch zurück. Nahm vorsichtig mit beiden Händen das Glas und leerte es in zwei Zügen.

»So, jetzt geht es mir besser!«

Das nächste Glas konnte ich bereits wieder mit einer Hand halten. Wir plauderten noch angeregt eine halbe Stunde lang, bevor wir uns verabschiedeten.

»Was das wohl war?« sagte sie.

Hätte sie mich doch nur gefragt, ob ich rückfällig geworden sei! Vielleicht hätte es mir geholfen, endlich mit jemandem darüber zu reden, daß ich wieder süchtig bin, hilflos, am Ende!

Wenn ich an diese Zeit zurückdenke, an die Qualen, die ich durchlitt, frage ich mich manchmal, wie es sein konnte, daß niemand etwas von meiner erneuten Abhängigkeit bemerkte.

Ich hatte es zu diesem Zeitpunkt so satt, dieses ständige heimliche Trinken.

Ich ekelte mich vor jeglicher Art von Alkohol, und doch mußte ich trinken, ich konnte nicht mehr anders.

Wie ein Automat steuerte ich auf meine versteckten Flaschen zu, trank wieder und wieder, obwohl ich doch nicht mehr trinken wollte!

Es kostete mich unmenschliche Beherrschung, nicht bis zur Besinnungslosigkeit zu trinken.

Ich hätte alles dafür gegeben, endlich wieder nüchtern zu sein. Endlich diesem verfluchten Gedankenkarussell zu entrinnen.

Immer die Flaschen heimlich kaufen – heimlich verstecken – heimlich trinken – heimlich wegräumen, immer dieser Zwang, immer wieder und immer wieder…

Ich hatte es so satt, mich immer entschuldigen zu müssen.

Dafür, daß es mir nicht gut ging, daß ich zitterte, schwitzte, vergeßlich war. Dafür, daß ich heimlich in irgendein Zimmer verschwand, plötzlich unbedingt in den Keller mußte. Dafür, daß ich kurz vor Ladenschluß noch schnell einkaufen mußte, was ich angeblich vergessen hatte.

Wie oft habe ich gebetet in dieser Zeit:

»Herrgott, hilf mir bitte, laß ein Wunder geschehen, laß mich wegkommen von diesem Teufelszeug.«

Wie haßte ich es, immer Angst zu haben, jemand könnte zufällig meine versteckten Flaschen finden oder den Inhalt meines Einkaufskorbes entdecken.

Ich fing an, mich wegen meiner Schwäche zu hassen, mich zu verachten. »Schau dich doch an, du versoffenes Dreckstück«, beschimpfte ich mich. »Schau doch nur die anderen Frauen an, hübsch, klug und sicher nüchtern, und dann schau dir ins Gesicht, ins aufgedunsene, in deine roten Kaninchenaugen. Schau deinen trüben Blick, die schweißig fahle Haut, die zitternden Hände! Wer soll dich noch lieben?«

Wenn mich damals jemand gefragt hätte, ob ich wieder rückfällig geworden sei, ich hätte mit »ja!« geantwortet. Irgendwie habe ich damals direkt darauf gewartet, darauf gehofft. Aber ich wurde nie gefragt, von niemandem. Und ich traute mich nicht mehr, jemandem von mir aus mein Geheimnis anzuvertrauen. So ging ich unaufhaltsam der Hölle entgegen!

Noch gab es Zeiten, in denen es mir verhältnismäßig gut ging, in denen ich nur so viel trank, wie mein Körper brauchte, um nicht mit Entzugserscheinungen zu reagieren. Noch war mein Leben ab dem Vormittag relativ normal, wenn man von den versteckten Flaschen absah. Trotzdem wurden die Tage häufiger, an denen ich kaum aufstehen konnte vor Kreislaufproblemen, vor Übelkeit. Vor allem, wenn mich nachts die immer häufiger auftretenden Alpträume quälten, hatte ich am darauffolgenden Tag meist gesundheitliche Probleme.

So war es auch am Geburtstag meiner Schwiegermutter. Wir waren von ihr zum Essen in ein schönes Restaurant eingeladen worden.

Den ganzen Tag über hatte ich versucht, durch erhöhten Alkoholkonsum das Zittern meiner Hände unter Kontrolle zu bringen. Es wollte einfach nicht gelingen.

Am Nachmittag wollte ich meine Fingernägel lackieren. Ich nahm den Lack aus dem Schrank, schraubte den Verschluß auf. Dann legte ich meine Hände auf den Küchenschrank und versuchte, mit dem Pinsel meinen Nagel zu treffen. – Daneben. – Noch mal – daneben ...

Nach zahlreichen Versuchen war die Haut meiner Hand rot gefärbt, nur nicht die Fingernägel. Ich war der Verzweiflung nahe. Wie sollte das heute abend gutgehen?

Schnell ging ich zu einem meiner Verstecke, holte die Schnapsflasche und trank in tiefen Zügen. Es mußte besser werden. Es mußte einfach!

Im Lokal brachte der Ober die Speisekarte. Ich bat meinen Mann, doch auch für mich auszusuchen. Wenn ich die Karte gehalten hätte, wäre mein Zittern sicher aufgefallen.

Die Getränke kamen. Langsam nahm ich ein Glas Mineralwasser ganz vorsichtig mit beiden Händen hoch und führte es zum Mund.

Mit letzter Anstrengung gelang es mir zu trinken, ohne den Inhalt zu verschütten.

»Nein«, dachte ich mir, »so wird das nichts!«

Wieder ging ich mit meiner Handtasche zur Toilette, verriegelte die Tür und trank die mitgebrachte Flasche leer. Ich ließ mir lange Zeit, meine Hände zu waschen. So lange, bis die Wirkung des Alkohols einsetzte und meine Hände ruhiger werden ließ.

Dann kehrte ich zu den anderen zurück und verspeiste das bestellte Essen. Nur meine Erbsen blieben auf dem Teller, denn so ruhig waren meine Hände doch nicht, daß sie auf der Gabel geblieben wären.

»Magst du keine Erbsen?« fragte meine Schwiegermutter.

»Nein«, antwortete ich, »die verträgt mein Magen nicht!«

Wenn sie gewußt hätte!

Immer weniger konnte ich das Zittern verheimlichen. Immer mißtrauischer beobachtete mich mein Mann. Immer schwerer wurde es für mich zu erklären, warum ich vor dem Essen unbedingt noch mal in den ersten Stock oder in den Keller mußte und warum ich dann immer nach Pfefferminz roch. Immer häufiger folgte mir mein Mann, wenn ich »nur noch mal ganz schnell« in die Küche mußte.

Heiligabend 1989. Wir waren bei Verwandten eingeladen. Ich ging wieder mal zur Toilette, natürlich mit meiner Handtasche. Verschloß wieder einmal die Tür, trank die mitgebrachte Flasche leer. Hatte wieder ein Bonbon gelutscht. Dann ging ich zurück zu meinem Mann.

»Wonach riechst du denn?« fragte er mißtrauisch. »Hier riecht es nach Schnaps!« sagte er.

»Spinnst du?« erwiderte ich verärgert. »Siehst du hier irgendwo welchen?«

Gott weiß, wer oder was ihn damals davon ablenkte oder abhielt, weitere Fragen zu stellen.

Je mißtrauischer er wurde, desto vorsichtiger wurde ich. Ich wechselte die Verstecke häufiger, füllte Schnaps in Limonadenflaschen um, die ich sorgloser verstecken konnte, ging nur noch dann zum Einkaufen, wenn er nicht im Hause war, folglich auch meine Einkäufe nicht kontrollieren konnte. Immer mehr Zeit mußte ich für die Beschaffung und Beseitigung von Alkohol aufwenden. Immer weniger konnte ich meine Gedanken auf die Alltagsprobleme konzentrieren.

Eines Sonntagabends war es dann wieder soweit. Meine abgefüllten Vorräte waren verbraucht. Ich mußte dringend noch Alkohol besorgen. Im Keller hatte ich noch eine Flasche Wein versteckt. So nahm ich den Korkenzieher, steckte ihn unter meinen weiten Pullover.

»Ich hänge noch schnell Wäsche auf«, rief ich meiner Familie zu und ging nach unten. Ich holte die Flasche, ging in die Waschküche, drehte den Öffner in den Korken und zog ganz langsam an.

Auf einmal gab der Korken nach.

»Pflop«, machte es ganz laut.

Die Flasche war offen. Mir schoß vor Schreck die Röte ins Gesicht.

»Das muß er gehört haben«, dachte ich mir. »Das gibt es nicht anders, das war zu laut!«

Und prompt ertönte die Stimme meines Mannes:

»Was machst du da unten? Was war das gerade für ein Geräusch?«

Ich überlegte blitzschnell.

»Mir ist der Waschmittelbehälter heruntergefallen«, rief ich.

Ganz schnell goß ich mir mein hier deponiertes Wasserglas voll Wein und trank in schnellen, hastigen Zügen. Da hörte ich schon die Schritte meines Mannes.

»Das war eine Weinflasche! Ich habe es doch genau gehört! Wo hast du sie?« Er sah mich enttäuscht an.

»Du bist also wieder rückfällig!«

Das nun folgende Gespräch war bühnenreif. Ich versuchte, ihn davon zu überzeugen, daß dies die erste Flasche wäre, die ich seit jenem Rückfall trinken wollte. Daß ansonsten nirgendwo Flaschen versteckt seien und er ruhig alles durchsuchen könne und und und…

111

Insgeheim betete ich, daß er das nur nicht tun möge!

Ich weiß nicht, ob er mir letztendlich glaubte oder es nur leid war, sich und mich weiter zu quälen. Er beendete das Gespräch, nahm die Flasche und leerte sie in den Abfluß.

Ich bekniete ihn, mir doch zu glauben, daß ich nie wieder trinken wolle, bettelte um sein Vertrauen und versprach hoch und heilig, keine Flasche mehr anzurühren.

An diesem Abend hatte ich den Rest seines Vertrauens endgültig zerstört, und es würde lange, sehr lange dauern, bis dieses Vertrauen wieder langsam aufgebaut sein würde.

Inzwischen, so glaube ich heute, hatten auch die Kinder bemerkt, daß etwas nicht stimmte. So stand ich eines Tages am Schrank im Kinderzimmer hinter der angelehnten Tür und trank gerade in langen Schlucken aus der Schnapsflasche, als ich unsere Kinder hinter mir kichern hörte.

Sie mußten mich bemerkt, mußten die Silhouette der Flasche gesehen haben.

Schnell legte ich die Flasche zurück zwischen die Pullover und die Schlafanzüge.

Ich wollte mich umdrehen, ihnen irgendeine fadenscheinige Ausrede erzählen. Sie liefen davon, ohne mich anzuhören.

Es war wie ein Schlag ins Gesicht.

»Jetzt wissen es auch meine Kinder. Jetzt wissen sie, daß ihre Mutter eine Säuferin ist!«

Die Tränen schossen mir in die Augen. Tiefbeschämt nahm ich die Flasche und räumte sie in einen anderen Schrank. Ich wollte nicht, daß sie später die Flasche finden und sie womöglich ihrem Vater zeigen würden.

Eines Tages kam mein großes Kind mit einer halbvollen Flasche Whisky in der Hand aus dem Keller zurück.

»Guck mal, die habe ich gefunden«, rief es. »Die war zwischen der Faschingskleidung!«

Siedendheiß fiel mir ein, daß ich die Flasche einmal im Keller versteckt und dann vergessen hatte.

»Ach«, sagte ich, »die gehört zu der Cowboy-Verkleidung!«

Die verräterischen Situationen wurden immer häufiger. Nicht zuletzt deshalb, weil mein Gedächtnis immer schlechter funktionierte und es mir zunehmend mehr Schwierigkeiten machte, mich morgens daran zu erinnern, wo ich abends die Flasche versteckt hatte.

Immer mehr Ausreden mußte ich mir einfallen lassen, immer tiefer verstrickte ich mich in Lügen.

Das Frühjahr war gekommen. Nichts hatte sich verändert.

Mein Trinkverhalten hatte ich den Forderungen meines Körpers angepaßt.

Morgens, noch vor dem Frühstück, trank ich ein halbes Glas Schnaps, mehr aus Angst, daß jemandem mein Zittern auffallen könnte.

Denn mittlerweile war mir morgens immer übel, oft mußte ich mich erbrechen, die Hände zitterten. Mein Nachthemd war naß von den nächtlichen Schweißausbrüchen.

Mein Gehirn noch verstört von den Alpträumen, die mich nachts quälten.

Erst wenn ich meine Dosis getrunken hatte, legte sich die Unruhe, beruhigten sich die Nerven, hörte das Zittern auf.

Ich hatte auch tagsüber stets Alkohol greifbar. Mittlerweile hatte ich im ganzen Haus meine Vorratsdepots eingerichtet. Denn es wäre sicher aufgefallen, wenn ich immer nur in einen Raum verschwunden wäre, um meinen Körper mit dem ersehnten Gift zu betäuben.

Der Alkohol hatte mein Gehirn, meinen Körper, meine Seele und mein Denken vereinnahmt. Von morgens bis abends kreisten meine Gedanken, mein Tun stets um den »Stoff«.

Beim Erwachen war mein erster Gedanke:

»Wo hast du die Flaschen versteckt, kann sie jemand finden?«

Vor dem Einschlafen immer die gleiche Angst, ob ich noch genügend Alkohol für den nächsten Morgen habe, ob er reicht, bis ich im Geschäft Nachschub besorgen kann.

Beim Einkaufen waren meine Gedanken nicht beim Brot oder Fleisch, sie richteten sich auf die Regale, die gefüllt waren mit Unmengen Wein, Schnaps, Sekt, die mich anzubetteln schienen:

»Komm, nimm mich mit, nimm mich mit!«

Mein Einkaufskorb war immer schwer. Aber nicht von den Lebensmitteln, die wir benötigten, sondern von Flaschen.

Oft mußte ich zwei- oder dreimal in den Supermarkt, da ich die Sachen, die eigentlich wichtig waren, vergessen hatte.

Ich versuchte, so gut es ging, meine Hausarbeiten zu verrichten. Es gelang natürlich nur noch zum Teil. Ich konnte nicht mehr konzentriert arbeiten.

Mein Körper schaffte keine Anstrengung mehr, und meine Gedanken kreisten nur um den Alkohol.

Wenn die Kinder mittags von der Schule kamen und mir erzählten, was sie erlebt hatten, wußte ich abends nichts mehr davon.

Wenn mein Mann mich morgens darum bat, ihm doch endlich Hemden zu bügeln, war die Arbeit abends immer noch nicht getan, ich hatte es vergessen.

Oft sprach er mich darauf an:

»Was ist mit dir, du vergißt alles!«

Es war kein Funken Wille mehr in mir, mit dem Trinken aufzuhören. Ich hatte aufgegeben. Ich hatte nicht mehr die Kraft, gegen den Alkohol anzukämpfen. Es war mir irgendwie klar, daß ich abhängig war, aber trotzdem hätte ich nicht zugegeben, Alkoholikerin zu sein. Ich kam nicht mehr heraus aus diesem Teufelskreis. Ich war eine Gefangene meiner Sucht.

Am schlimmsten waren die Wochenenden. Denn ich bemühte mich noch immer krampfhaft, die Sucht vor anderen, besonders vor meiner Familie, zu verbergen. Es gelang mir auch. Vielleicht hatten sich aber auch nur die anderen an die Veränderung meines Wesens gewöhnt.

Vielleicht war es schon ganz normal, mit mir zu streiten, mich müde und erschöpft zu sehen. Vielleicht war es ihnen auch schon gleichgültig geworden, ob ich mir merken würde, was sie erzählten.

Ich weiß noch, an den Samstagen und Sonntagen hatte ich morgens schon sehr starke Entzugserscheinungen.

Da ich länger als sonst geschlafen hatte, schrie mein Körper noch mehr nach Alkohol.

Ich erwachte meist mit einem Würgen im Hals, rannte immer schnell die Treppe hinunter, daß ich in die untere Toilette kam, um zu erbrechen. Denn oben hätten es die anderen gehört, und das durfte nicht sein. Niemand durfte merken, wie schlecht es mir ging, wie ich mit zitternden Händen den ersten viertel Liter Schnaps in mich hineinzwang. Gleich aus der Flasche, denn beim Versuch, ein Glas vollzuschenken, hätte ich alles verschüttet.

Wenn dann die erste Ration endlich ihre Wirkung tat, endlich das Würgen und Zittern aufhörten, konnte ich wieder hinaufgehen zu den anderen. Konnte mich nochmals hinlegen, meinem geschundenen Körper noch eine Erholungspause gönnen, bevor meine Familie erwachte.

»Guten Morgen, na, geht es dir gut?« wurde ich gefragt.

»Ja, mir geht es gut«, sagte ich.

»Bloß gut, daß ihr nichts gemerkt habt«, dachte ich.

An den Wochenenden war es besonders schwierig, niemanden merken zu lassen, daß ich heimlich trank. Denn natürlich wollten die anderen etwas unternehmen, wollten fortfahren, Ausflüge machen, schwimmen gehen.

Dementsprechend schwierig wurde es für mich, unbemerkt meine »Flachmänner« aufzufüllen, meine geheimen Depots mit geöffneten Flaschen zu bestücken.

Überhaupt graute mir vor jedem Ausflug, jeder Unternehmung.

Denn mittlerweile war ich so weit, daß ich die Stunden berechnen mußte, die ich noch ohne Alkohol aushielt.

Wenn wir zum Beispiel ins Schwimmbad fuhren, mußte ich vor der Abfahrt noch eine größere Menge trinken. Dann mußte ich versuchen, meine Familie davon zu überzeugen, daß wir höchstens zwei Stunden bleiben konnten, denn länger vermochte ich die Entzugserscheinungen nicht hinauszuzögern, ohne meinen Blutalkoholgehalt aufzustocken.

Als wir im Frühsommer in den Zoo fuhren, wollte ich nach zwei Stunden schnell auf der Toilette verschwinden und heimlich meinen Flachmann leeren. Doch ich hatte vergessen, ihn nachzufüllen. Ich weiß nicht mehr, wie ich damals den Nachmittag überstanden habe. In Erinnerung ist mir aber noch die Heimfahrt geblieben, als ich krampfhaft meinen Brechreiz zu unterdrücken versuchte, während meine zitternden Hände sich in meiner Handtasche verkrallten.

»Was ist mit dir? Du sagst gar nichts mehr«, fragten sie.

»Alles in Ordnung, ich bin nur etwas müde«, antwortete ich in dem aussichtslosen Versuch, meine bebende Stimme zu verbergen.

Meine Stimme veränderte sich ebenfalls. Am Telefon wurde ich oft gefragt, was mit mir los sei. Ich konnte nicht mehr normal reden. Was ich sagte, verriet sofort meine innere Unruhe. Oft konnte ich den Telefonhörer nicht mehr ruhig halten. Meine Hand zitterte so stark, daß er immer ruckartig gegen mein Ohr schlug. Meine unruhigen Hände waren nicht mehr zu übersehen.

Selbst meinen Speiseplan hatte ich geändert. Es gab keine Suppen mehr, keine Erbsen, Bohnen oder Reis. Nichts, was von der Gabel oder vom Löffel hätte tropfen oder rollen können.

Meine Familie hatte sich an meinen Zustand gewöhnt. Sie fragten nicht mehr. Nur mein Mann sah mich immer mißtrauisch an, wenn ich auf seine Frage, warum ich so wenig esse, antwortete:

»Mir geht es heute nicht gut, wahrscheinlich eine Erkältung oder eine Aufregung oder...«

Irgendeine Ausrede hatte ich immer parat. Ich nahm ab in dieser Zeit. Vierzehn schwere Kilogramm. Mein Haar wurde immer dünner. Das Gesicht war geschwollen, die Augen rot.

Nein, eine Schönheit war ich damals wirklich nicht mehr!

Und immer das Mißtrauen meines Partners. Immer die bohrend fragenden Augen. Ich hatte nicht mehr die Kraft, ihm oder anderen einzugestehen, wie es um mich stand. Ich traute mich nicht, mich jemandem zu erklären.

Wie hätte ich denn je einem gesunden Menschen begreiflich machen können, welche Qual die Trinkerei für mich war. Welche Verzweiflung mich beherrschte, wenn ich wieder und wieder versuchte, weniger zu trinken. Wenn ich aufhören wollte, um alles auf der Welt aufhören wollte, dieses Gift zu schlucken, aber nicht mehr konnte!

Es war mir nicht mehr möglich, mein Denken und Tun selbst zu bestimmen. Ich konnte das Glas nicht mehr stehenlassen. Ich mußte trinken. Irgend etwas in meinem Körper zwang mich dazu. Sobald ich morgens nur einen Schluck getrunken hatte, war es mir nicht mehr möglich, aufzuhören. Und trotzdem war irgendwo noch ein ganz kleiner Funke Hoffnung. Vielleicht schaffe ich es doch irgendwann, vielleicht nur heute nicht, vielleicht morgen. Es muß doch gehen, es muß!

»Herrgott, hab doch Erbarmen, hilf mir doch, laß mich nicht so leiden! Du kannst mich doch nicht so quälen!«

Irgendein Samstag im Frühling 1990.

Wir brauchten ein neues Auto. Mein Mann hatte ein günstiges Angebot entdeckt. Der Verkäufer kam mit dem Wagen. Mein Mann holte mich aus dem Schlafzimmer. Ich hatte mich nach meinem morgendlichen Quantum Alkohol nochmals hingelegt.

Mir ist nur noch in Erinnerung, daß ich den Mann begrüßte, sonst nichts.

»Das hast du super gemacht«, lobte mich mein Mann später überschwenglich. »Du hast tatsächlich den Preis um eineinhalbtausend Mark gedrückt. Du warst ganz toll, gratuliere!«

Ich konnte mich allerdings nicht mehr entsinnnen, was ich mit dem Mann vereinbart hatte. Mein Gedächtnis ließ mich im Stich, war leer, ausgeblasen.

Wie Öl rann mir dieses Kompliment die Kehle hinunter. Es tat gut, wieder einmal gelobt zu werden. Viel Grund gab es dafür in der letzten Zeit wohl nicht!

Mein Mann fuhr weg, um den Verkauf perfekt zu machen. Stolz ging ich in die Küche, verschloß die Tür, holte die Flasche aus dem Versteck. Ich schraubte die Flasche auf und trank, trank, trank…

Es ging mir schlechter, von Tag zu Tag, schleichend, unbemerkt.

Nachts hielt ich die fünf bis sechs Stunden Schlaf nicht mehr ohne Alkohol durch. Also hatte ich mir angewöhnt, allabendlich ein Glas Schnaps in meinem Nachtkästchen griffbereit zu verstecken. Nachts, wenn ich nach drei Stunden von Alpträumen durchsetztem Schlaf schweißgebadet erwachte, trank ich schnell mit zitternden Händen das Glas leer. Dann konnte ich meist nochmals schlafen und hielt es bis zum nächsten Morgen ohne Alkohol aus.

Inzwischen schüttelte mich nach dem Aufwachen ein Würgereiz, daß ich meinte, mein Magen stülpe sich nach außen. Oft mußte ich nach dem ersten Schluck erbrechen, mußte meinen Magen gewaltsam zwingen, weiter Gift in kleinen Schlucken aufzunehmen und durch die Blutbahn ins Nervenzentrum weiterzuleiten.

Denn ich wußte, wenn ich nichts trank, würde es wiederkommen, ganz sicher, ganz unaufhaltsam. Das gefürchtete Delirium tremens.

Also zwang ich meinen Körper, so viel Alkohol aufzunehmen, wie er benötigte, um meine Hände zu beruhigen, um die Schweißbäche auf meinem Rücken zu stoppen.

Diese jeden Morgen wiederkehrende Qual wünsche ich meinem ärgsten Feind nicht. Ich habe nicht mehr gelebt in dieser Zeit, es war nur noch ein qualvolles, leidendes Dahinvegetieren. Körper und Geist waren am Ende.

Manchmal hatte ich das Gefühl, mein Gehirn würde sich langsam zersetzen, was ja auch zutraf. Ich war nicht mehr imstande, bestimmte Worte auszusprechen, Sätze zu formulieren. Meine Gedanken galten nur noch dem Alkohol, der Beschaffung des Stoffes, dem heimlichen Trinken, der Sorge, wo ich die leeren Flaschen verschwinden lassen konnte.

Ich konnte mich auf kein Ereignis, keine Tätigkeit, keinen Termin mehr besinnen.

Mit Mühe hatte ich mir eingeprägt, daß mein Kind bald Aufnahmeprüfung in der Schule hatte, die es ab September besuchen wollte.

Ich wollte so gerne alles richtig machen. Meine Familie umsorgen, wie eine Ehefrau und Mutter es tun sollte, aber ich konnte nicht mehr.

Ich war am Ende. Ein von der Sucht beherrschtes Wrack.

4. Der zweite Entzug

Der Wecker klingelt. Sechs Uhr morgens. Langsam öffne ich die Augen. Siedendheiß fällt mir ein, daß mein Sohn heute um acht Uhr Aufnahmeprüfung für die Schule hat, in die er ab September gehen möchte.

Ich versuche mich zu konzentrieren, es fällt mir schwer. Mein Hals ist trocken, ich versuche aufzustehen, und schon überfällt mich wieder dieses Würgen. Dieses verfluchte Würgen, daß man meint, es stülpt einem den ganzen Magen um. Es kann nichts mehr kommen.

Der Magen ist leer. Ich habe mich doch gestern den ganzen Abend immer wieder erbrochen.

Ich versuche aufzustehen. Es geht nicht. Die ganze Welt dreht sich vor meinen Augen.

»Lieber Gott, bitte, bitte, laß mich aufstehen! Ich muß! Das Kind!«

Mühsam versuche ich mich anzuziehen. Es geht nicht. Meine Hände zittern so sehr, daß ich die Strumpfhose nicht über meine Beine bringe.

Also nochmals hinlegen.

Nächster Versuch. Nein, so geht es heute nicht.

Ich werfe mir meinen Morgenmantel über und versuche an die Treppe zu kommen.

Mein ganzer Körper bebt. Alles in mir schreit nach Alkohol. Ich spüre jede einzelne Faser meines Körpers. Es gelingt mir nicht, mich am Geländer festzuhalten.

Auf allen vieren rutsche ich langsam rückwärts die Treppe hinunter. Mein Gott, wenn mich nur niemand hört, niemand aufsteht und mich so sieht!

Jetzt bin ich unten, nur noch wenige Meter bis zur Küche.

Es muß gehen, es muß! Um Gottes willen, wo habe ich gestern die Flasche versteckt?

Halt, langsam nachdenken!

Kurz bevor ich gestern ins Bett gegangen bin, habe ich noch zwanzig Schluck Schnaps getrunken. Ich habe mitgezählt, weil ich weiß, bei nur zehn Schluck wache ich schon um zwei Uhr auf, da halte ich die Nacht nicht durch!

Ach ja, hinter dem Schnellkochtopf! Aber leise, daß die oben nichts hören! Endlich die Flasche!

Ich sitze auf dem Boden und versuche, sie mit fliegenden Händen zu öffnen.

Es geht nicht! Ich kann den Verschluß nicht öffnen.

Jetzt probiere ich es mit den Zähnen. Wieder dieses Würgen. Na also! Geschafft!

Ich zittere die ersten zwei Schluck Whisky in meinen Mund und muß prompt erbrechen. Ein Schwall ergießt sich über meinen Morgenmantel. Ich muß trinken, trinken, trinken!

Ich quäle mir mit Gewalt knapp einen viertel Liter Alkohol durch die brennende Kehle hinunter in den sich verkrampfenden Magen.

»Ruhig – nicht brechen – ruhig – es geht schon!« Ich rede mit mir selbst. Mein Magen wird ruhiger. Ich sitze hier seit zwanzig Minuten. Das Zittern der Hände läßt nach.

Jetzt aber schnell. Vor Erschöpfung läuft mir das Wasser über den ganzen Körper. Mein Gesicht ist naß. Ich habe geweint. Nicht einmal das merke ich noch!

Nachdem ich mich langsam und mühsam angezogen und gewaschen habe (Zähne putzen geht noch nicht, sonst würde ich sofort wieder alles erbrechen!), wecke ich meine Kinder.

»Mama, du hast eine ganz zittrige Stimme!«

»Ich weiß, mein Kind, ich weiß!«

Das Frühstück habe ich gerichtet. Selbst bringe ich keinen Bissen hinunter, keinen Schluck Tee.

Nur ein Pfefferminzbonbon lutsche ich, sonst riecht jeder sofort den Schnaps.

Jetzt bin ich ruhiger. Aber irgendwie geht es mir heute noch schlechter als sonst. Das merke ich. Um wieviel schlechter, das kann ich nicht einschätzen.

Ich hole noch einmal die Flasche.

Es ist nur noch ein Rest darin. Der sollte reichen, bis ich zum Einkaufen komme. Es hilft nichts. Ich muß trinken, sonst falle ich auf dem Weg zur Schule um. Davor habe ich furchtbare Angst.

Ich will mein Kind nicht blamieren. Ich will aufhören zu trinken! Heute noch! Oder wenigstens weniger trinken!

Denn wenn ich zu schnell aufhöre, kommt wieder dieses Delirium, das weiß ich doch jetzt ganz genau! Und alles, nur das nicht mehr!

Die Flasche ist leer. Na ja, eine Stunde werde ich durchstehen!

Und dann muß ich nur schnell einen Laden suchen, der schon geöffnet hat.

Heute ist Montag. Hätte ich nur am Freitag noch eine Flasche Whisky mehr gekauft!

Mein Mann fährt uns zur Schule, ich bringe mein Kind hinein. Viele Leute grüßen mich. Ich bin hier bekannt.

So furchtbar sehe ich aus heute.

Es darf niemand merken, wegen meiner Kinder nicht, wegen meines Mannes nicht!

Mein Kind ist im Klassenzimmer. »Viel Glück!«

In zwei Stunden können wir die Kinder wieder abholen.

Ein Vater fragt mich, ob wir zwischendurch spazierengehen wollen.

»Nein, es geht leider nicht, ich muß noch etwas erledigen!«

Natürlich, ich brauche dringend Stoff! Ich merke, wie das Zittern wiederkommt. Mir wird übel.

»Schlucken, langsam schlucken!« Ich rede mit mir selbst. Da vorne ist eine Bäckerei! Die haben bestimmt schon auf!

Leute stehen an. Auch hinter mir. Jetzt bin ich dran.

»Eine Brezen und die Flasche Cognac da oben! Haben Sie auch Geschenkpapier?«

Das Papier hätte ich mir sparen können. Die haben es doch ohnehin schon gemerkt! So wie ich zitterte, als ich den Geldbeutel aufgemacht habe! Das Fünfzig-Pfennig-Stück, das herausgefallen ist, ließ ich liegen.

Ich hätte es ohnehin nicht aufheben können!

Schnell raus hier, bevor ich mich zu Tode schäme!

In der Nähe ist ein Park. Ich suche eine Parkbank, die etwas versteckt steht. Es darf niemand sehen, daß ich aus der Flasche trinke.

Heute ist es besonders schlimm. Ich muß mir jeden Schluck gewaltsam »reinwürgen«. Mein ganzer Körper sträubt sich gegen das Gift. Der Magen versucht, die kleinste Menge Alkohol wieder herauszupressen. Die entzündete Speiseröhre brennt wie Feuer. Ich habe Angst zu explodieren.

Aber ich muß trinken. So lange trinken, bis mein Alkoholspiegel so hoch ist, daß ich den Tag überstehe, ohne zusammenzubrechen.

Warum geht es mir nur heute so schlecht?

Wenn ich doch schon zu Hause wäre! Mir graut vor der Heimfahrt mit der Straßenbahn und dann noch zehn Minuten zu Fuß!

Na, endlich. Ich bin wieder etwas ruhiger. Es ist 9.30 Uhr. Jetzt merke ich, daß die Sonne scheint. Eigentlich ein schöner Tag!

Wie schön müßte es sein, jetzt hier zu sitzen, frei von dieser verdammten Sucht! Nicht trinken zu müssen! Endlich einmal einen Tag lang nicht daran denken zu müssen, ob der Schnaps reicht, wo ich ihn verstecke und wann ich ihn trinken soll, ohne daß mich jemand dabei ertappt.

Dieses verfluchte Gedankenspiel! Immer das gleiche, immer im Kreis, immer Alkohol, Alkohol, Alkohol…

Um zehn Uhr hole ich mein Kind ab. Es strahlt. Die Prüfung war einfacher als befürchtet.

Es erzählt und plappert ganz aufgeregt. Mein Gehirn reagiert heute nur ganz langsam. Ich sehe meinen Sohn reden, verstehe aber nur die Hälfte.

Was ist bloß los? Nichts wie heim! Beim Straßenbahnfahren nehme ich meinen Sohn in den Arm. Irgendwie bin ich stolz auf ihn.

Wenn ich nur einmal nüchtern sein dürfte!

– Endstation – alles aussteigen!

»Mama, was ist mit dir, du bist so blaß!«

»Ich weiß nicht, Kind, mir geht es heute nicht gut. Geh du nur voraus.«

125

Mir wird schwarz vor Augen. Ich müßte dringend trinken. Aber doch nicht hier! Hier kennen mich doch die Nachbarn.

»Lieber Gott, laß mich bitte noch heimkommen!«

Nicht hinfallen! Sonst komme ich doch wieder ins Krankenhaus! Wieder Delirium, wieder angeschnallt. Nein! Bitte, nicht!

Reiß dich zusammen! Noch fünf Minuten, noch vier, noch drei…

Ich hangle mich von Gartenzaun zu Gartenzaun. Ich sehe nichts mehr. Ich laufe nur noch automatisch. Noch zwei Minuten, noch eine.

Da, mein Haus. Während der letzten Schritte öffne ich die Handtasche. Suche den Schlüssel.

Ruhig, gleich kann ich mich hinlegen, gleich, gleich!

Endlich. Ich liege auf der Couch im Wohnzimmer. Eine Treppe hätte ich nicht mehr geschafft.

»Bring mir die Tasche, Kind, und dann geh nach oben zum Spielen!«

Als ich oben das gewohnte Piepsen des Computers höre, hole ich die Flasche aus meiner Handtasche.

Was ist bloß los heute mit mir? Ich kann nicht trinken. Nur tropfenweise nimmt mein Körper die zerstörende, dringend benötigte Flüssigkeit auf. Alles verschwimmt um mich herum. Meine Hände fliegen auf meinem Rock hin und her. Ich spüre, daß ich erbrechen muß. Vielleicht sollte ich etwas essen. Bisher habe ich noch keinen Bissen gegessen. Aber das Stück Brot kommt gar nicht bis zum Magen. Wieder dieses Würgen! Mir wird plötzlich schwarz vor Augen…

Ich versinke in tiefe Bewußtlosigkeit.

»Mama, Mama, hörst du mich?«

»Ja, ja, ich bin schon wach!«

»Mama, du hast nicht geschlafen, du warst bewußtlos!«

»Frau Werner, hören Sie mich?«

Langsam öffne ich die Augen. Vor mir steht ein Mann im weißen Kittel. »Wir bringen Sie jetzt ins Krankenhaus!«

Ich versuche aufzustehen.

»Nein, nein, auf gar keinen Fall, mir geht es schon wieder gut!«

»Mama, du warst bewußtlos, ich habe den Notarzt geholt!«

Mein Sohn ist ganz aufgeregt.

Langsam fällt mir wieder ein, was passiert ist. Ich sehe auf die Uhr. 13.40 Uhr. Nur weg mit diesem Arzt, ich gehe nicht mehr ins Krankenhaus.

Der Arzt sagt laut, während er sich notiert:

»Patientin wieder bei Bewußtsein, weigert sich, mit uns ins Klinikum zu fahren. Hausärztin verständigt!«

Plötzlich sind alle um mich herum. Meine Kinder, meine Hausärztin, der Notarzt. Dann kommt auch noch mein Mann. Er nimmt ein Rezept für Beruhigungstabletten entgegen und schickt auf meine Bitte hin die Ärzte wieder weg. Er hat sich für den Rest des Tages freigenommen. Noch immer bin ich ganz benommen. Ich kann noch nicht richtig registrieren, was passiert ist.

Ich muß mich wieder erbrechen. Mein Mann hält mich in seinem Arm, wiegt mich hin und her wie ein kleines Kind.

»Die Ärztin sagt, daß es wieder ein Alkoholentzug ist. Hast du wieder Alkohol getrunken?«

Ich werde steif in seinem Arm und wende den Kopf zur

Seite. Die Tränen brennen in meinen Augen. Soll ich wieder »nein« sagen, wieder lügen?

Er glaubt mir ja doch nicht. Er kann mir gar nicht mehr glauben.

Ruhe – ja, ich will nur noch Ruhe – Augen zu und sterben, laßt mich bitte sterben! Dieses Leben halte ich nicht mehr aus.

Der Nachmittag zieht sich hin. Alle sind rührend um mich besorgt. Ich will das nicht. Was gäbe ich dafür, wenn ich euch das ersparen könnte. Eine Säuferin zur Frau, eine Alkoholikerin als Mutter.

Ich weine, ich erbreche, zittere, schlafe, schwitze. Mein Pullover ist schweißgetränkt. Man hilft mir, mich umzuziehen.

»Willst du etwas essen?«

»Nein, bloß das nicht!«

»Möchtest du etwas trinken?«

Ich bringe das Teeglas nicht zum Mund. Meine Hände zittern zu stark.

Gegen 17 Uhr schlafe ich tief ein. Das Beruhigungsmittel wirkt. Mein Mann sucht im ganzen Haus nach Flaschen. Ob er welche gefunden hat, weiß ich nicht. Er weckt mich gegen 22 Uhr.

»Komm, ich bring dich ins Bett!«

Zuerst freue ich mich, weil ich mich besser fühle.

Aufstehen – nur noch die Treppe hoch – und dann schlafen, schlafen…

Die Hälfte der Treppenstufen sind genommen, mir wird schwarz vor Augen…

Mein Kopf dröhnt. Ich höre Stimmen.

»Es wird alles gut. Du bist im Krankenhaus!«

Ich öffne die Augen. Über mir das geliebte Gesicht meines Mannes. Mich durchströmt unendliche Erleichterung.

– Endlich raus aus diesem Teufelskreis! –

Ich falle in einen Dämmerschlaf. Entfernt höre ich die Stimme einer Ärztin, aber ich kann nicht verstehen, was sie sagt.

»Die Blutwerte stürzen ab, holen Sie den Oberarzt!«

Als ich wieder zu mir komme, liege ich in einem kleinen Zimmer, um den Bauch herum festgeschnallt. Einen Katheter zwischen den Beinen. An meiner Hand eine Infusionsnadel, an dem Metallgestell drei Flaschen. Eine Blutkonserve, künstliche Nahrung, Medikamente gegen Delirium tremens, erklärt mir die Ärztin. Ich stelle keine Fragen. Möchte nichts hören, nichts sehen, nur noch schlafen. Es ist mir nicht möglich, mich zu konzentrieren, überhaupt zu erfassen, was passiert ist.

Später erzählt mir mein Mann, daß ich rückwärts die Treppe hinabgestürzt bin, die Augäpfel verdreht, mit Schaum vor dem Mund.

Armer Mann, es muß ihn gegraust haben vor mir. Er hat den Notarzt gerufen. Man hat mich über Nacht auf der Beobachtungsstation gelassen und mich vormittags in dieses Zimmer gelegt.

Ich weine. Alles ist so hoffnungslos, so furchtbar. Meine Frage nach einem Spiegel wird abgelehnt.

»Seien Sie froh, wenn Sie sich nicht so sehen«, sagt die Schwester.

Meine Gedanken kreisen um Selbstmord. So kann ich nicht mehr leben. So will ich nicht mehr leben!

Als lebendiges Wrack, als Säuferin.

Nur nicht daran denken, was jetzt werden soll. Immer wieder die Worte der Ärzte, der Schwestern:

»Der zweite Entzug!«

Eine Ärztin bemerkt meine Stimmung.

»Sorgen Sie dafür, daß keine Tabletten im Zimmer her-umliegen«, wird die Schwester angewiesen.

Man läßt meine Kinder nicht zu mir. Es ist gut so, ich will nicht, daß sie mich so sehen, so hilflos, so verzweifelt, so häßlich!

Nur die lebensbedrohende Anämie verhindert, daß ich am nächsten Tag schon entlassen werde.

Entlassen wohin?

Zurück zu den Flaschen, den Verstecken, den Geheim-nissen, den Lügen? Ich habe Angst, furchtbare Angst vor der Zukunft.

Ich vergrabe mich unter der Bettdecke. Die Verachtung der Schwestern und Ärzte spüre ich körperlich.

Das braucht es nicht. Ich verachte mich selbst genug, diesen Haufen Dreck, der das Bett verschmutzt mit Blut, mit Kot, mit Urin.

Wenn mein Mann da ist, reden sie nicht mehr mit mir, nur noch mit ihm. Wahrscheinlich nehmen sie mich nicht mehr für voll.

Ich habe das Schlimmste noch nicht überstanden. Das kommt noch. Am Abend.

Die Worte meines Mannes, sein letzter, verzweifelter Versuch, mir zu helfen.

»Wenn du weiter trinkst, muß ich dich in Liebe fallen-lassen!«

Der Satz dröhnt in meinen Ohren, meißelt sich in meine Gedanken. Frißt sich in mein Herz.

Langsam, nur ganz langsam erkenne ich bruchstückhaft die Bedeutung seiner Worte.

Die Nacht kommt, die Dunkelheit, die Angst.

Wird er mich verlassen, wenn ich es nicht schaffe, wenn ich wieder trinke, wieder trinken muß?

Wird er mir die Kinder nehmen?

Ist dann alles, alles, was für mich wichtig ist, lebensbedeutend, lebensnotwendig, für immer verloren?

In dieser Nacht habe ich Verzweiflung kennengelernt, tiefste, hoffnungslose Verzweiflung.

Soviel begreift mein kaputtes Gehirn:

Wenn es mir nicht gelingt, trocken zu werden, und ich Mann und Kinder verliere, dann bring ich mich um.

Dann bring ich mich um!

Dieser Entschluß bohrt sich in mein Innerstes, setzt sich fest, bestimmt mein Denken.

Dann bring ich mich um!

Am Morgen des nächsten Tages werde ich entlassen. Mein Mann kommt, um mich abzuholen. Die Ärztin übernimmt das Entlassungsgespräch, zu dem sie von der Krankenkasse verpflichtet ist.

Wie durch einen Nebel höre ich Gesprächsfetzen:

Beim nächsten Entzug erfolgt Einweisung in die psychiatrische Klinik, angeraten wird eine Entziehungskur für die Dauer eines halben Jahres. Außerdem wird dringend empfohlen, daß ich mich den Anonymen Alkoholikern anschließe.

Die Worte höre ich, begreifen kann ich sie nicht. Noch nicht. Alles in mir ist leer, absolut leer. Es kommt mir vor, als wäre alles in mir zerbrochen. Ich bin nicht fähig, irgend etwas zu fühlen, zu spüren.

Wir fahren nach Hause. Die Kinder sind in der Schule. Es ist gut so. Ich kann nicht mit mir umgehen.

Ich bin hoffnungslos, absolut ohne Hoffnung. Der

Glaube an die Zukunft ist verloren, einfach verschwunden. Mein Mann redet auf mich ein.

»Ja, ja, ja«, zu allem, was er sagt, sage ich »ja«, ich will ihn behalten und meine Kinder, sonst nichts!

Alles werde ich tun, was er will, wenn er nur nicht geht! Mir die Kinder nicht nimmt!

Auf das Verlangen meines Mannes hin rufe ich die Anonymen Alkoholiker an. Eine Frau ist am Telefon. Inge heißt sie.

»Mir ist es genauso gegangen wie dir«, sagt sie.

»Komm zu uns, wir können dir helfen! Du mußt nur kommen! Komm am Montag, da werde ich auch hier sein!«

Was sagt sie?

»Mir ging es genauso?«

Ihre Worte klingen in meinen Ohren nach.

Das tut gut!

Es gibt also tatsächlich noch jemanden, dem es so gegangen ist wie mir?

Eine Frau, die auch soviel getrunken hat?

Ich kann es gar nicht glauben. Und doch, es ist ganz seltsam.

Irgend etwas erfaßt mich wie ein Funken. Ganz klein, aber ich spüre deutlich etwas in mir keimen.

Hoffnung?

Gibt es das noch für mich?

Das Wochenende kommt. Langsam gewöhne ich mich wieder an den Alltag. Alles ist sehr mühsam für mich. Noch unter Medikamenten, beginne ich, meine Gedanken wieder zu ordnen.

Wenigstens habe ich kein Verlangen mehr nach Alkohol, das tröstet mich etwas.

Irgendwie habe ich auch begriffen, daß der Griff zur Flasche für mich jetzt tödlich sein kann.

Ich will auch nicht mehr trinken. Alles, nur das nicht mehr.

Manchmal habe ich das Gefühl, neben mir zu stehen. Das Wrack anzusehen, mit den fahrigen Händen, dem von Alkohol und Medikamenten aufgedunsenen Gesicht. Diesen Haufen Elend mit den knallroten Kaninchenaugen. Ich fahre mit meinen Händen durch das wirre Haar und erschrecke.

An meinen schweißnassen Fingern kleben ganze Büschel Haare. Es erschreckt mich, aber ich begreife die Tragweite des Geschehens nicht. Noch nicht.

Auf allen vieren krieche ich durch die Küche. Wo ist die Flasche? Ich weiß, ich habe sie versteckt. Aber wo?

Ich suche verzweifelt, zittere, suche. Ich schreie, ich bettle meinen Mann an, weine.

»Du träumst nur, wach auf! Es ist alles vorbei!«

Schweißgebadet fahre ich hoch in meinem Bett.

»Du hast geträumt!«

Beruhigend nimmt mein Mann mich in seinen Arm. Mein Gesicht ist tränenüberströmt.

Ein Alptraum. Einer von Tausenden, die mich noch lange quälen sollen. Die mich heute noch, wenn auch nur noch ganz selten, quälen.

Es ist ein Uhr morgens.

Rechts, links, von einer Seite zur anderen rolle ich hin und her. Mein Mann ist wieder eingeschlafen.

Er schläft unruhig. Meine Gedanken kreisen.

Wieder kommen dieser Haß, diese Selbstverachtung in mir hoch. Mein Zittern wird so heftig, daß ich mich auf den Bettrand setze, um meinen Mann nicht zu wecken.

Mir ist übel. Ich wage nicht, an meine Zukunft zu denken.

Die Stunden quälen sich dahin.

Drei Uhr, vier Uhr. Ich denke an Inge. Wie sagte sie doch?

»Mir ist es genauso gegangen wie dir!«

Das tröstet. Vielleicht gibt es doch noch Hoffnung, eine Zukunft, einen Weg?

Ich dränge meine Gedanken zurück.

Die Angst, wieder zu verlieren, ist zu groß.

Aber seltsam, irgendwie beruhigt mich der Gedanke an Inge.

Irgendwann falle ich wieder in diesen unruhigen, ängstlichen Schlaf.

5. Ein neuer Anfang

Montag nachmittag. Meine Gedanken kreisen.

Nein, ich gehe nicht zu diesen Anonymen Alkoholikern. Ich habe Angst. Was soll ich da? Ich kann doch nicht wildfremden Personen von meiner Trinkerei erzählen. Wer weiß, was das für Typen sind.

Und ich ganz alleine! Nie, niemals wage ich das! Ich will nicht! Bitte nicht!

Ich zittere, kann nichts essen. Und wie ich aussehe!

Mit dem Kamm fahre ich durch meine Haare. Als ich ihn weglege, sehe ich, daß wieder ein ganzes Büschel Haare darinhängt.

Langsam kriecht eine heiße Angst in mir hoch.

Mir werden doch nicht alle Haare...?

Stop!

Nicht weiterdenken! Jetzt nicht!

Sechzehn Uhr, siebzehn Uhr.

Mein Mann kommt nach Hause. Ich richte das Abendessen. Stochere lustlos im Teller herum.

»Nein, ich kann nichts essen!«

»Bist du so aufgeregt?«

»Ich habe Angst!«

Und doch spüre ich, daß ich an diesem Treffen nicht vorbeikomme.

135

Mein Mann fährt mich zum Treffpunkt. Er will sicher sein, daß ich auch wirklich hingehe. Verständlich!

Alles in mir rebelliert, sträubt sich. Meine Hände sind naß von Schweiß. Da steht sie schon. Das muß Inge sein. Zitternd steige ich aus.

Sie nimmt mich an der Hand und führt mich wie ein kleines Kind. Sie strahlt eine beruhigende Sicherheit aus.

Lächelnd sagt sie:

»Du brauchst keine Angst zu haben. Uns ist es allen genauso gegangen. Du wirst sehen, wenn du erst einmal drinnen bist, können wir dir helfen, wenn du es willst!«

Dieses »Du« tut gut, streichelt meine kaputte Seele.

Ängstlich betrete ich den Raum. An einem langen Tisch sitzen ungefähr dreißig Personen verschiedenen Alters.

Alle lächeln mir freundlich zu.

»Hallo!«

»Hallo!«

»Du brauchst nichts zu sagen. Nur, wenn du willst!«

»Hör einfach zu!«

Inge setzt sich neben mich. Sie erzählen. Einer nach dem anderen. Männer und Frauen.

Es sind Lebensgeschichten. Ganz persönliche Erlebnisse, Erfahrungen, Hoffnungen, Enttäuschungen.

Die Stimmung ist ruhig, gelassen, freundlich.

Mein kaputtes Hirn kann nicht alles aufnehmen, was ich da in zwei Stunden höre.

Von Menschen, die schon ein halbes Jahr, drei Jahre, zehn Jahre, sogar zwanzig Jahre ohne Alkohol leben, die so alltäglich und doch so besonders sind.

Ich habe nicht viel begriffen an diesem Abend. Nur eines, eines beginnt zu wirken. Einen Punkt haben alle Geschichten gemeinsam:

Die Erfahrung, daß alle Anwesenden nicht normal mit Alkohol umgehen konnten. Sie alle mußten weitertrinken, sobald sie das erste Glas getrunken hatten.

Sie alle mußten dem Befehl des Gehirns, weiterzutrinken, blind gehorchen, konnten sich der Sucht nicht widersetzen.

Und noch etwas wurde an diesem Abend in mir geboren:

Die Hoffnung, wie diese Menschen mein Leben ohne Alkohol meistern zu können. Nie mehr in meinem Leben habe ich die unsagbar starke Kraft der Hoffnung so deutlich gespürt wie damals, als alles in mir schrie:

Du schaffst es,
du willst es,
du mußt es schaffen!!!

Langsam reihte sich ein Tag an den anderen, eine Woche zur anderen. Meine Hände zitterten nicht mehr so sehr. Nur nachts quälten mich die Alpträume vom Alkohol.

Menschenscheu war ich geworden, ängstlich, verklemmt. Ich ging allen Menschen aus dem Weg, wo ich nur konnte.

Meine ganze Hoffnung richtete sich auf den Kreis von Menschen, die ich jetzt regelmäßig jeden Montag besuchte. Sie gaben mir Kraft und Hoffnung, redeten mit mir, gaben mir das sichere, verläßliche Beispiel dafür, daß das Weiterleben erstrebenswert ist.

»Zwei Jahre wird Ihr Körper sicherlich brauchen, bis er sich einigermaßen erholt hat«, sagte der Internist bei seiner Untersuchung. Nahezu alle Organe meines Körpers hatten gelitten in den letzten Jahren.

Der Magen, die Lunge, Leber, Bauchspeicheldrüse, Galle, Speiseröhre, selbst das Rückenmark und natürlich das Gehirn waren angegriffen.

Nervenschäden hatten sich eingestellt, »irreparabel«, wie der Arzt sagte. Meine Beine und Fußsohlen schmerzten bei jedem Schritt. Langsam, ganz langsam erhole ich mich wieder. Bis auf meine Füße, die Schmerzen beim Laufen werde ich wahrscheinlich mein Leben lang behalten.

Auch meine Haare wuchsen langsam wieder, Millimeter um Millimeter, Woche um Woche.

Die Seele brauchte am längsten. Mein Selbstbewußtsein, meine Sicherheit, meine Selbstachtung waren untergegangen in diesen Jahren des Horrors. Glücklicherweise hatte ich nie das Bedürfnis, wieder mit dem Trinken anzufangen. Dafür war ich dankbar!

Denn mittlerweile weiß ich von anderen Freunden aus der Gruppe, die ständig mit diesem Suchtzwang kämpfen müssen.

Der Schock über das Erlebte saß tief.

Noch Monate nach dem Entzug saß ich oft wie gelähmt in irgendeiner Ecke, zusammengekauert, tränenüberströmt.

Dann war sie wieder da, die Angst:

»Was wird werden? Wirst du es schaffen, dein Leben lang trocken zu bleiben?«

Wieder diese Verzweiflung, die jegliche Hoffnung zu ersticken drohte.

Es war auch schwer, gegen die ständige Angst meines Mannes vor einem erneuten Rückfall anzukämpfen, gegen sein Mißtrauen, wenn ich in den Keller oder nach oben ging. In ihm langsam wieder die Sicherheit aufzubauen, daß ich es doch schaffe, trocken zu bleiben.

Mittlerweile sind zwei Jahre vergangen seit dem Krankenhausaufenthalt. Mein Geist, mein Körper und meine Seele haben sich wieder erholt.

Meine Hoffnung und Zuversicht, durchzuhalten, kein Glas Alkohol mehr zu trinken, sind gestiegen, haben sich verfestigt. Wenngleich ich nie vergessen werde, nie vergessen darf, wie harmlos alles angefangen hat und wie grausam es geendet ist.

Ich habe mich verändert seither. Ich bin gelassener geworden, ruhiger, bin nicht mehr so leicht zu erschüttern durch die kleinen Probleme des Alltags. Mein Selbstbewußtsein ist wieder da, meine Sicherheit.

Aber auch eine Wut hat sich in mir festgesetzt, Wut und Zorn auf die Leute, die allzuleicht und allzugerne auf jene Mitmenschen herabschauen, die nicht zuletzt durch die Mitschuld unserer Gesellschaft und durch Werbung und den leichtfertigen Umgang mit dem Suchtstoff Alkohol in den Sog nach unten, ins Abseits geraten.

Ich habe am eigenen Leib verspürt, wie heimtückisch diese Droge ist und wie unmerklich, wie schleichend man in diese Abhängigkeit geraten kann.

Trotz allem, was geschehen ist, hatte ich Glück. Ich hatte das große Glück, nochmals gesund zu werden. Das Glück, meine Familie zu behalten, mein soziales Umfeld nicht zu verlieren, wieder ein normales Leben führen zu können.

Leben zu können wie Millionen andere Menschen auch, bis auf die einzige und wichtigste Einschränkung:

Ich darf nie mehr in meinem ganzen Leben einen Tropfen Alkohol trinken, ich weiß, daß ich sonst innerhalb kürzester Zeit wieder da wäre, wo ich am Ende meiner Leidenszeit war.

Aber mir ist auch bewußt, daß ich die Pflicht habe, alles dafür zu tun, mich und meine Familie nie wieder zu enttäuschen, nie mehr rückfällig zu werden und anderen zu helfen, die Hilfe brauchen, die auf dem Weg in diese Hölle sind.

Darum habe ich dieses Buch geschrieben.

Und wenn ich nur einem einzigen Menschen dadurch helfen kann, daß er liest, wie ich in diese Abhängigkeit kam, daß er meinen Weg sieht, aus dieser tiefsten Hoffnungslosigkeit und Verzweiflung, der Angst und der Dunkelheit zu entkommen, dann war die Zeit der bösen Erinnerungen nicht umsonst.

Der Erinnerung an den grausamen Weg zwischen dem harmlosen Einstieg und dem bitteren Ende einer Sucht – der Alkoholsucht.

Den Weg aus – DES TEUFELS KÜCHE.

FRAUEN

1330

1476

1226

Die Journalistin Sibylle Plogstedt ist – wie viele Kinder der Nachkriegsgeneration – ohne Vater bei der Mutter aufgewachsen. Jahre nach dem Tod des ihr völlig fremden Mannes rekonstruiert sie – aus Bildern, Dokumenten und den Erzählungen ihrer Halbbrüder – das Bild ihres Vaters, den sie nun nicht mehr idealisieren muß.

Iris Galey war 14, als sie das schreckliche Geheimnis preisgab: Zwei Tage später erschießt sich ihr Vater, der sie jahrelang sexuell mißbraucht hatte. 40 Jahre danach macht sie uns zu Zeugen einer verratenen Kindheit, die wie ein Alptraum ihr späteres Leben zeichnet. Iris Galey ist heute in der Inzest-Survivers-Bewegung mit großem Engagement tätig.

Was läuft in den 90er Jahren schief in der Liebe und warum? In Shere Hites neuem Report ist in allen Berichten eines unübersehbar: Im Gefühlsbereich gibt es noch keine Gleichberechtigung! Nach Meinung der Autorinnen hat dennoch der Mythos vom »weiblichen Masochismus« ausgedient: Frauen lieben – aber nicht um jeden Preis. Sie schließen Kompromisse – aber keine faulen . . .

FRAUEN

1387

1422

1773

Zwei Drittel aller Psychopharmaka werden von Frauen genommen — und viele von ihnen werden unmerklich und ohne jede Vorwarnung tablettensüchtig. Um Wege aus der Sucht geht es in diesem umfassenden Aufklärungsbuch zum Tablettenmißbrauch bei Frauen.

Sieben Frauen alkoholabhängiger Männer berichten über ihren Alltag, ihre Ängste und Hoffnungen. Ein hilfreiches Buch für Frauen, die im gleichen Teufelskreis stehen.

Mit 21 wurde Jill Saward bei einem Raubüberfall sexuell brutal mißbraucht. Ihre Peiniger kamen mit milden Strafen davon. Dies ist eines der wenigen veröffentlichten persönlichen Zeugnisse eines Vergewaltigungsopfers.